비즈니스 경쟁에서 이기는
창조적 발상의 기술

다카하시 마코토 지음   정영교 옮김

매일경제신문사

Rival Ni Sa Wo Tsukeru Hon Sokko! Business Hassouho
Copyright© 2004 by Makoto Takahashi
Korean translation rights arranged with NIHON KEIZAI SHIMBUN, INC.
through Japan UNI Agency, Inc., Tokyo and Korea Copyright Center, Inc., Seoul

창조적 발상의 기술

초판 1쇄 2005년 3월 30일
　 7쇄 2010년 5월 30일

지은이 타카하시 마코토 옮긴이 정영교 펴낸이 김석규 펴낸곳 매경출판(주)
등 록 2003년 4월 24일(No. 2-3759) 주 소 우)100-728 서울 중구 필동 1가 30번지 매경미디어센터 9F
전 화 02)2000-2610, 2632~3(기획팀) 02)2000-2645(영업팀) 팩 스 02)2000-2609 이메일 publish@mk.co.kr
ISBN 89-7442-326-X
값 9,800원

책을 기획하면서

현대는 경쟁의 시대입니다.
비즈니스 전선에서 승리하려면 남다른 무엇이 있어야 합니다.
리더십이 있던지 아니면 외국어 능력이 뛰어나든지…. 라이벌을 제칠 경쟁력을 갖춰야 합니다. 직장에서 발군의 실력을 인정받으려면 갖가지 능력으로 무장해야 합니다.
그 중에서도 가장 중요한 것은 문제 해결능력입니다.
이 능력을 높이는 데는 창조력이 중요합니다.
창조력은 선천적인 재능에서 오기도 하지만 교육과 훈련에 의해 개발 할 수 있습니다.
특히 요즘과 같이 복잡한 사회에서는 창조력에 바탕을 둔 훈련이 필요합니다.
'신제품을 개발할 때'와 '제품명 작명' 등의 경우에 창조적 발상이 요구됩니다.
이 책은 이러한 현대 비즈니스맨의 욕구를 해결하기 위해 기획됐습니다.
문제 해결을 위한 접근방식부터 문제해결기법 등을 자세히 설명하고 있습니다.
자유연상법, 강제연상법, 발상 - 압축 통합기법 등이 그것입니다.
일본 창조력 연구의 최고 권위자 다카하시 마코토 씨가 기업현장에서 곧바로 적용할 수 있도록 저술했습니다. 이 책은 한국의 비즈니스 현장에서도 그대로 적용될 수 있도록 매우 실천적으로 제작됐습니다.
아마도 이 책을 통해 창조적 발상기술을 몸에 붙이면 '사오정'은 남의 머나먼 얘기가 될 것이 틀림없습니다.

필동에서
매경출판 대표 **김석규**

목 차

제1장 문제를 해결하기 위한 접근 방식

1 해답이 다수 있는 문제를 창조적으로 해결한다
비즈니스에서 '창조적인 문제'란 무엇인가 / 10

2 감수성이 미래에 발생할 문제를 미리 알게 한다
문제가 발생하기 전에 발견하자 / 14

3 고정관념을 버리면 해답은 자연히 보인다
문제의식 없이 문제 해결을 할 수 없다 / 18

4 정보를 조합해서 새로운 해결책을 도출한다
복잡한 문제는 창조성으로 대처하라 / 22

5 개인이 취해야 할 발상 과정
문제해결의 기본 순서(개인편) / 26

6 '이상형(理想型)'과 '현상형(現狀型)'의 두 가지 접근방식
문제해결의 기본 순서(그룹편) / 30

제2장 문제해결의 순서와 테크닉

7 창조 사고(思考)에는 발산사고와 압축사고가 있다
사람의 뇌는 정보의 수집과 처리를 행한다 / 36

8 천 개의 좋은 생각이 떠올라도 쓸모 있는 아이디어는 3개밖에 없다(300분의 1법칙)
발산 사고(發散 思考)의 기본 규칙 / 40

9 다각적인 시야로 정보를 찾는다
문제를 파악하는 정보 수집, 분석의 비결 / 44

10 창조성은 풍부한 아이디어의 발상에서 나온다
문제 해결을 위한 아이디어 창출 / 48

11 문제 설정~종합평가의 과정에서 최적 기법을 찾아낸다
4가지 문제 해결법을 잘 사용할 수 있도록 하라 / 52

12 자유, 강제, 비교의 3기법으로 발상한다
발산기법으로 아이디어 발상력을 갈고 닦아라 / 56

13 공간형과 계열형의 두 가지 정보정리법
압축기법으로 아이디어를 정리하라 / 60

14 발산기법과 압축기법을 보충한다
종합기법과 태도기법을 알아두자 / 64

제3장 문제해결의 발상은 자유연상법부터

15 모든 발산기법의 어머니 '브레인 스토밍'(BS법)
자유로운 발언환경에서 풍부한 아이디어를 끌어내라 / 70

16 추가 발상을 만들어 내고 처리하기도 편한 카드BS법
참가자 전원에게 골고루 발상을 시켜라 / 74

17 자기주장이 뚜렷하지 않은 사람들을 위한 카드BW법
침묵의 발상법으로 참가자의 아이디어를 도출하라 / 78

18 BS법에서 개선과 개혁을 목표로 하는 결점, 희망점 열거법
해결의 실마리는 이것으로 찾아라! / 82

제4장 강제연상법으로 아이디어의 범위를 좁힌다

19 상세하게 특성을 생각해서 다양한 아이디어를 낳는 속성열거법
상세한 분류, 분석으로 제품의 개량, 개선에 도움이 되도록 하자 / 88

20 적극적인 활용으로 문제 해결의 새로운 시점을 찾아내는
체크 리스트법
수하물을 확인하는 요령으로 자기 스스로의 사고를 체크 / 92

21 너무 광범위한 주제의 방향성을 좁히는 매트릭스법
발상의 범위를 좁혀서 아이디어를 구체화하라 / 96

목 차

제5장 사고의 폭을 넓히는 비교 발상법

22 비교의 범위를 넓게 생각해서 발상을 하는 Synectics
   때로는 자신이 대상물이 되어서 발상을 하자 / 102

23 추상적인 과제에서 닮은 예를 들어 최적 해결법을 찾는 고든법
   고정 관념을 버리고 근본적인 아이디어를 추구하라 / 106

24 일본에서 개발하고 상품개발에도 효과적인 독특한 NM법
   키워드에서 발상을 부풀리자 / 110

제6장 아이디어 정리에 도움이 되는 압축기법

25 일본에서 개발되고 데이터의 집약에 자주 사용하는 KJ법
   다수 의견에서 중요한 주제를 발견하자 / 116

26 압축과 평가를 한 번에 실시하는 크로스법
   발상데이터는 중요도로 정리하자 / 120

27 대량의 데이터를 즉시 처리하는 블록법
   1000개의 데이터를 30분에 정리한다 / 124

28 문제의 원인을 발견하는 특성요인도법
   공장 등의 현장 개선점을 찾아내자 / 128

29 문장이나 연설의 정리에 제일 적합한 스토리(story)법
   행사 계획이나 발표에 활용하자 / 132

30 간편하고 신속하게 사용할 수 있는 계획기법 카드PERT법
   계획법으로 효과적인 프로젝트 관리를 하자 / 136

제7장 발상에서 압축까지의 종합기법

31 근본적인 개혁을 추구한다면 워크 디자인법을 사용하라
　　이상적인 시스템은 이렇게 설계하라 / 142

32 문제를 신속하게 해결할 수 있는 high-bridge 법
　　문제해결의 기본순서와 기법을 습관화 하자 / 146

제8장 발상의 힌트와 팀워크

33 정보 정리의 3원칙 '규격화' '신속화' '집중화'
　　정보 수집과 활용 도구를 100% 활용하라 / 152

34 정보나 떠오르는 생각을 메모하는 기술
　　메모와 정리에서 참신한 발상을 얻자 / 156

35 살아있는 정보원인 '인맥'의 효과적인 활용법
　　분야가 다른 정보원에서 새로운 착상을 얻자 / 160

36 대(大)형 인간과 발상 힌트 찾기
　　4가지 능력을 익혀서 진정한 문제 해결자가 되자 / 164

37 위대한 발상을 탄생시킨 '침보차(寢步車)'
　　사고할 수 있는 나만의 장소를 찾자 / 168

38 기업 내의 전략적인 창조성 개발 제도
　　팀의 문제 해결 능력을 최대한 살려라 / 172

39 창조적인 리더와 구성원이 새로운 발상을 탄생시킨다
　　팀의 집단 창조 능력을 발휘시키자 / 176

40 문제 해결의 마지막은 프리젠테이션으로 정한다
　　상대의 공감을 얻어서 해결책을 설득하라 / 180

[참고 문헌] / 184

문제를 해결하기
위한 접근 방식

제1장

제1장 문제를 해결하기 위한 접근 방식

1 해답이 다수 있는 문제를 창조적으로 해결한다
비즈니스에서 '창조적인 문제'란 무엇인가

우리는 매일 여러 가지 문제에 부딪히게 됩니다. '매출이 늘지 않는다' 등의 일에 대한 문제부터 '영어를 공부하고 싶은데 시간이 없다' 등의 사적인 문제까지 종류도 다양합니다.

문제라는 것은 기대와 현재 상태의 차이를 말한다

미국의 저명한 경영 학자인 케프너와 트리고는 문제를 다음과 같이 정의하고 있습니다. '목표하는 업적 수준에 이르지 못하는 것을 문제라고 한다.' (『관리자의 판단력』 산노우(産能) 대학출판부)

이 정의에서 보면 사물의 모든 것에는 명확한 목표가 있고 따라서 기준이 확실하다고 하는 전제가 있는 것을 알 수 있습니다.

그러나 이 책에서는 '문제'를 조금 더 가볍게 정의하려고 합니다. 케프너와 트리고의 아이디어를 토대로 다음과 같이 간결하게 정리해 보았습니다.

'문제라는 것은 기대와 현재 상태의 차이를 말한다.'

이 정의에 따르면 '기대' 라는 것은 결승점이 명확하다면 막연한 이미지

문제라는 것은 무엇인가 (케프너와 트리고의 정의)

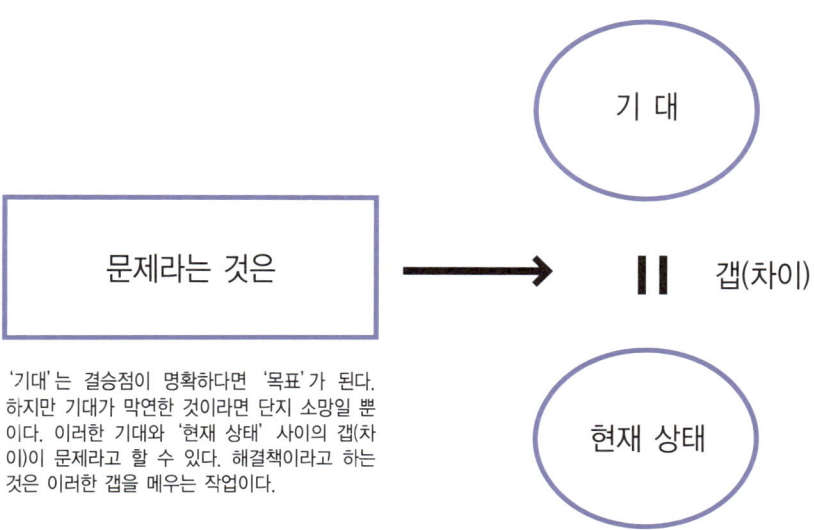

'기대'는 결승점이 명확하다면 '목표'가 된다. 하지만 기대가 막연한 것이라면 단지 소망일 뿐이다. 이러한 기대와 '현재 상태' 사이의 갭(차이)이 문제라고 할 수 있다. 해결책이라고 하는 것은 이러한 갭을 메우는 작업이다.

Key Words

케프너와 트리고 (Kepner, C and Tregoe, B.)
미국의 경영학자인 케프너와 트리고는 1958년에 '케프너 트리고 사'를 설립하여 세계 각지에서 전략 결정, 문제 해결, 의사 결정 등의 폭넓은 컨설팅을 실시했다. 문제 해결법에서는 KT법이 유명하다. 저서에는 『관리자의 판단력』 등이 있다.

민스키(Minsky, M)
컴퓨터 사이언스의 아버지 중에 한사람이라고 불리우며 미국 매사추세츠 공과대학의 인공지능연구소를 설립했다. 오늘날 컴퓨터의 기초가 되는 중요한 연구 성과를 많이 올렸다. 또한 현재의 정보화 사회의 개척자이기도 하다.

레벨에서 벗어나 소망이 됩니다. 이러한 소망과 현재 상태(현상)의 차이가 '문제'가 되는 것입니다.

문제의 두 가지 종류

　이번에는 문제의 종류에 대해서 생각해 봅시다. 민스키라는 학자는 문제에 대해서 '명확하게 규정된 문제'와 '명확하게 규정되지 않은 문제' 두 가지로 나누고 있습니다. 여기에서 '명확하게 규정된 문제'라는 것은 대학 입시의 시험문제나 지능 테스트 문제이며 정답은 오직 하나입니다. 한편 회사나 가정에서 직면하는 문제는 후자의 '명확하게 규정되지 않은 문제'가 압도적으로 많습니다.

　혹은 '문제에는 해답이 하나인 것과 여러 개인 것이 있다'라는 견해도 있습니다. 예를 들어 디지털 카메라가 '작동하지 않는다'라고 하는 문제를 생각해 봅시다. 이것에 대한 원인은 배터리가 없기 때문이라고 생각할 수 있습니다. 이런 문제에 대한 원인은 확실하고 해답도 하나인 경우가 많습니다. 한편 '비즈니스에서 디지털 카메라의 효과적인 이용법'이라고 하는 문제를 생각해 봅시다. 이 문제에 대한 해답은 '도서관에서 책을 복사하는 대신에 사용한다' 혹은 '번창하는 가게를 찍어서 자기 가게를 개선하는 데 활용한다' 등 여러 가지를 생각할 수 있습니다.

　이 책에서 다루는 '문제 해결 능력'이라고 하는 것은 위에서처럼 여러 가지 해답(다수 해답)이 있는 문제를 해결하는 능력을 말합니다. 그리고 이러한 다수 해답의 문제를 '창조적 문제'라고 부르겠습니다.

'유일 해답' 과 '다수 해답' 의 두 종류로 크게 구분되는 문제

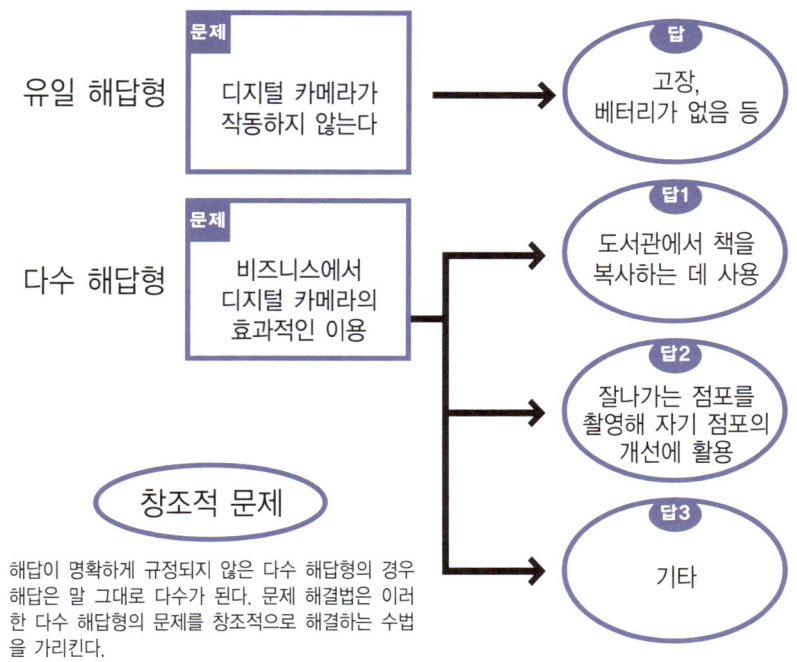

해답이 명확하게 규정되지 않은 다수 해답형의 경우 해답은 말 그대로 다수가 된다. 문제 해결법은 이러한 다수 해답형의 문제를 창조적으로 해결하는 수법을 가리킨다.

Hints on Business

문제는 철저하게 범위를 좁혀라

문제를 생각할 때는 그 문제가 개인적인 것이든 회사에 관한 것이든 철저하게 범위를 좁혀서 명확하게 하는 것이 성공의 비결입니다. 어느 대기업 홍보부에서 '회사 이미지를 개선하고 싶다'는 연락이 왔습니다. 그러나 직접 만나서 이야기를 들어 보니 '손님에 대한 창구의 대응이 다른 회사에 비해서 떨어진다'는 것이 홍보부 직원의 문제의식이었습니다.

만약에 전화로만 이야기를 듣고 회사 이미지를 문제로 여기고 컨설팅을 했다면 엉뚱한 곳에 초점을 맞추어서 일을 했을 겁니다. 문제가 발생하면 문제의 범위를 좁혀서 그 문제를 알기 쉽게 표현하는 것이 중요합니다.

제1장 문제를 해결하기 위한 접근 방식

2 문제는 발생하기 전에 발견하자
감수성이 미래에 발생할 문제를 미리 알게 한다

경영 컨설팅이라고 하는 일의 특성상 많은 회사의 여러 담당자와 대화를 나눌 기회가 자주 있습니다. 제가 만나는 담당자가 뛰어난 사람인지 아닌지는 자신이 맡은 일의 문제점을 정확하게 파악하고 있는지 아닌지를 보면 알 수 있습니다. '저희는 특별히 내세울만한 문제가 없습니다' 라고 말하는 담당자가 있는 회사에는 거의 예외 없이 문제가 있습니다. 차라리 '문제투성이라서 정말 힘들어요. 도대체 어디부터 손을 대야 할지 모르겠어요' 라고 말하는 담당자가 조금 낫기는 하지만 같이 일을 하기 시작하면 이런 담당자도 사람을 피곤하게 만듭니다.

가장 상대하기 만만치 않은 사람은 '제일 절실한 문제는 이것이고 특히 이점이 포인트입니다' 라고 확실히 중요한 점만을 지적할 수 있는 '문제발견' 능력이 뛰어난 담당자입니다. 이런 사원이 많은 회사는 나중에 경쟁력이 있는 튼튼한 회사로 발전할 수 있습니다.

문제에는 발생형과 발견형이 있다

'일단 문제를 발견하면 해결은 빠르다' 는 말이 있습니다. 문제를 발견하

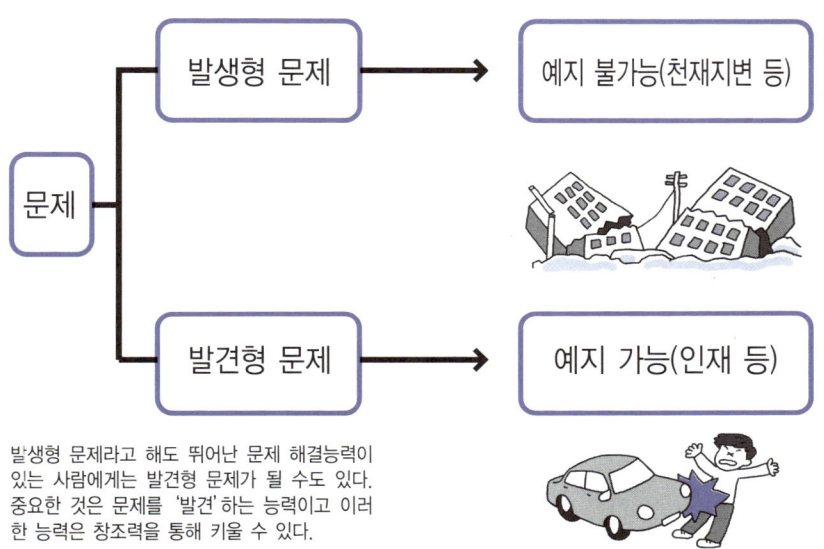

문제의 두 종류(발생형과 발견형)

발생형 문제라고 해도 뛰어난 문제 해결능력이 있는 사람에게는 발견형 문제가 될 수도 있다. 중요한 것은 문제를 '발견'하는 능력이고 이러한 능력은 창조력을 통해 키울 수 있다.

Key Words

길포드(Guilford J.P.)
미국의 심리학자로서 오랫동안 미국심리학회 회장을 역임했다. 정신측정 전문가이며 정신인자 분석 등의 수학적 모델을 사용해서 지능이나 인격에 대한 연구를 실시했다. 세계에서 가장 많이 사용되는 지능 테스트의 개발자로서도 유명하다.

창조력
'창조적인 사고'와 이를 실현하기 위해서 필요한 '창조적인 기능'을 포함한 '창조적 능력'을 말한다. 지능과 자주 비교되며 좁은 개념의 지능은 지식의 유무로 판단한다. 여기에서 지능 테스트는 문제의 답이 하나이지만 창조력 테스트에 대한 해답은 여러 가지(다수)이다.

기 위해서는 먼저 원인을 알 필요가 있습니다. 문제는 발생 방법에 따라서 발생형과 발견형의 두 종류로 나눌 수 있습니다.

'발생형 문제'는 천재지변처럼 미리 예지하기 어려운 문제를 말합니다. 대지진 등이 전형적인 발생형 문제라고 할 수 있습니다. 한편 경제현상의 대부분은 발생형이라고 하기 어려운 것이 많습니다.

'발견형 문제'는 예지형 문제라고도 하며 미래를 예지해서 문제를 발견해내는 것을 말합니다.

문제를 해결하는 사람에게 있어서 가장 중요한 능력은 '문제 발견 능력'이라고 할 수 있습니다. 예지하기가 힘든 발생형 문제라고 해도 뛰어난 문제 해결능력이 있는 사람에게는 발견형 문제가 될 수도 있습니다.

문제에 대한 민감함이 중요

새로운 문제를 발견한다는 것은 바꿔 말하면 미래예지라고도 할 수 있습니다. 예지에 있어서 가장 중요한 것은 '뭔가 신경이 쓰인다' 또는 '뭔가 있을 것 같은데'라고 하는 느낌입니다. 미국의 심리학자 길포드는 창조력이 있는 사람의 첫 번째 소질로 '문제에 대한 민감함'을 예로 들고 있습니다. 이 말은 창조력이 있는 사람은 예지 능력이 있는 사람이라고 바꿔 말할 수도 있습니다.

미래에 일어날 문제는 모두 지금, 즉 현재에 내재되어 있습니다. 따라서 현재 일어나고 있는 여러 가지 현상 중에서 될 수 있으면 문제를 빨리 찾아낼 수 있도록 노력해야 합니다. 문제를 '발견하는 것'이 문제 해결에 있어서 무엇보다도 중요합니다.

길포드의 창조성 6가지 요소

6요소	영어	내용
1 문제에 대한 감수성	sensitivity to problem	무엇이 문제인지 파악하고 중요한 힌트를 놓치지 않는 감각
2 사고의 유창성	fluency	빠른 사고와 단시간에 많은 발상을 할 수 있는 힘
3 사고의 유연성	flexibility	한 가지 면뿐만 아니라 여러가지 관점에서 넓게 발상할 수 있는 힘
4 사고의 독자성	originality	당연하게 받아들이지 않고 새로운 방식으로 생각하는 힘
5 재구성하는 힘	redefinition	여러 정보를 재검토해 다시 연결해서 새롭게 정의할 수 있는 힘
6 구체화하는 힘	elaboration	추상적인 것이 아닌 구체적이고 실현 가능한 것을 생각해내는 힘

Hints on Business

문제에 대한 감수성을 몸에 익히도록 한다

미치노쿠 은행은 러시아를 상대로 성공가도를 달리고 있는 지방 은행입니다. 1998년 러시아 금융 위기 때에는 세계 여러 나라의 금융 기관이 쓰러진 경험을 하고 러시아를 떠날 수밖에 없는 상황에 처하게 되었습니다.

그러나 미치노쿠 은행은 아무런 피해도 입지 않고 다음 해인 1999년에 러시아에 본격적으로 진출했습니다. 이는 미치노쿠 은행이 모스크바 등의 주재원에게 매일 시장에서 각종물가를 조사하도록 해서 물가가 3년 만에 3배가 된 것을 파악했기 때문입니다. 또 루블의 폭락을 예측하고 보유하고 있던 단기 국채를 재빨리 매각해 금융위기를 피할 수 있었기 때문입니다.

문제에 대한 감수성은 현장을 항상 파악하고 정보에 민감하게 대응할 수 있는지의 여부가 열쇠라고 할 수 있습니다.

제1장 문제를 해결하기 위한 접근 방식

3

고정관념을 버리면 해답은 자연히 보인다

문제의식 없이 문제 해결을 할 수 없다

사람은 누구나 창조적인 사람이 될 수 있는 가능성이 있습니다. 창조적으로 문제 해결을 하는 사람에게 빠질 수 없는 자질이 바로 문제의식입니다.

문제의식이 위대한 발견을 낳는다

2002년 다나카 코이치 씨와 고시바 마사토시 씨가 동시에 노벨상을 수상해서 온 일본이 들뜬 적이 있습니다. 그 중에서도 다나카 씨는 평범한 샐러리맨이라는 점에서 크게 화제가 되었습니다.

다나카씨의 수상은 '소프트 레이저 탈이(脫離) 이온화법'에 관한 실험이었습니다. 다나카 씨는 이 실험에서 아세톤에 금속 분말을 녹여야 하는데 실수로 글리세린에 녹여 버렸습니다. 하지만 그냥 버리기에는 아까워서 그대로 레이저에 대고 측정치를 계속해서 관찰했습니다. 그 결과 고분자의 질량 분석이 가능한 현상을 발견했다고 합니다.

이처럼 우연한 발견을 '세렌디비티'라고 하며 화학 분야에서 종종 일어나는 현상입니다. 이런 면에서 볼 때 다나카 씨의 발견도 우연일지도 모릅

강한 문제의식을 활용해 위대한 발견을 한 예

인 물	문제의식	위대한 발견
아이작 뉴턴	중력에 관한 연구를 자세히 하고 싶다	떨어지는 사과를 보고 '만유인력의 법칙'을 발견하는 중요한 힌트를 얻었다.
아르키메데스	불규칙한 물체의 체적을 어떻게 계산하면 좋을까?	목욕할 때 탕 속에 물이 흘러 넘치는 것을 보고 '아르키메데스의 원리'라고 하는 부력의 원리를 발견했다.
갈릴레오 갈릴레이	램프의 흔들림 왕복과 맥박의 시간은 같지 않을까?	램프의 흔들림을 보고 '추의 등시성(等時性)'을 발견했다.
알프레드 노벨	폭발성 액체인 뉴트로글리세린을 폭발하지 않고 운반할 수는 없을까?	뉴트로글리세린이 용기에서 새어나와 규소토에 스며드는 것을 보고 '다이너마이트'를 발상했다.
알렉산더 플레밍	포도상구균 연구를 위해서 배양을 성공시키고 싶다	배양하고 있던 포도상구균이 파란 곰팡이에 녹는 것을 발견. 그 파란 곰팡이에서 페니실린을 추출해서 항생물질을 발견했다.

Key Words

문제의식

문제를 해결하려면 먼저 문제를 파악하여 정의를 명확하게 하고 강렬한 문제의식으로 정보를 모아서 사실과 원인을 조사한다. 해결책을 찾는 것도 문제의식이 강하면 모든 정보 수집으로 머릿속에 문제를 확실하게 정착시킬 수 있기 때문에 힌트를 놓치지 않고 발상할 수가 있다.

고정관념

틀에 박힌 견해나 사고방식을 말한다. 고정관념에 사로잡히면 자유롭고 다각적인 발상을 할 수가 없다. 그리고 일방적으로 문제를 분석하거나 편중된 해결안만 나오기 때문에 창조적이고 뛰어난 해결책의 도출이 곤란하다.

니다. 하지만 끊임없이 문제의식이 있었기 때문에 가능했던 발견이기도 합니다.

다시 말해서 우연은 필연화 시킬 수도 있는 것입니다. 같은 사물을 보더라도 문제의식의 유무에 따라서 반응은 결정적으로 달라집니다. 해결에 대한 힌트는 여러 곳에 숨어있습니다. 문제는 이러한 힌트를 찾아낼 수 있는 능력의 유무입니다.

고정관념을 타파해라

문제의 힌트를 찾아내는 능력을 기르기 위해서는 고정관념을 타파하는 것이 중요합니다. 예를 들어 스테이플러는 서류를 정리하는 데 사용하는 것이 일반적인 생각입니다. 하지만 벽에 종이를 고정하는 압정 대신 사용할 수도 있습니다.

고정관념은 사물을 바라보는 시각에도 영향을 줍니다. 흔히 '저 사람은 학교 선생님이니까' 혹은 '저 사람은 경찰관이니까' 라는 식으로 그 사람의 인품을 보기 전에 직업에 따라서 일방적인 평가를 내리기 쉽습니다.

그러나 문제 해결에 있어서 이런 고정관념처럼 방해가 되는 것도 없습니다. 그래서 '고정관념을 타파하고 사물을 재검토한다' 는 자세를 항상 잊지 않도록 합시다.

그리고 일단 문제를 접하고 해결을 하려고 한다면 문제를 철저히 파악하는 것이 중요합니다. 생각에 생각을 거듭하면 문제는 확실하게 머릿속에 '문제의식' 으로 정착되기 때문입니다.

주변에서 쉽게 볼 수 있는 물건을 고정관념에서 탈피해서 사용한 예

상품	본래의 용도	새로운 용도
펠트 펜(felt pen)	필기구	불을 붙여서 양초 대신 사용
스테이플러	서류 정리	벽에 종이를 고정
드라이어	머리를 말린다	드라이어로 온풍을 이용해서 어깨 결림을 완화시킨다
칫솔	양치질을 한다	빗의 이물질을 제거한다
스카치테이프	종이를 붙인다	지문 채취

Hints on Business

문제의식은 자신만의 정의를 찾는 것부터 시작한다

평소에 가르치는 제자들에게 '문제의식을 항상 지녀라'라고 말하고 있습니다. 그러나 아무리 말을 해도 좀처럼 듣지를 않습니다. 그래서 강의를 할 때 '나는 지금 무엇을 하고 싶은가?, 지금 직면하고 있는 문제는 무엇인가?'라는 주제로 작문 수업을 진행하고 있습니다.

문제의식은 당장 눈앞의 문제를 자신의 문제로 여기고 진지하게 다룰 생각이 없는 한 절대로 얻을 수 없습니다. 문제의식이 있는 사람은 반드시 자신의 문제를 정확하게 파악하고 있는 사람입니다. 따라서 문제의식을 기르기 위해서는 먼저 자기가 지니고 있는 문제와 목적을 확실하고 정확하게 파악하는 것부터 시작해야 합니다.

제1장 문제를 해결하기 위한 접근 방식

4 정보를 조합해서 새로운 해결책을 도출한다
복잡한 문제는 창조성으로 대처하라

정형화된 문제를 빠르게 해결했다고 해서 그 사람을 창조적이라고 할 수는 없습니다. 여간해서는 안 풀리는 문제, 해답이 많은 문제, 때로는 정답이 없는 문제를 해결하는 사람이야말로 창조적인 사람이라고 할 수 있을 겁니다.

먼저 창조성이 무엇인지 정의를 내려보겠습니다.

'창조성이라는 것은 문제를 파악해 서로 성질이 다른 정보를 조합하고 통합해서 문제를 해결하여 사회 또는 개인 차원에서 새로운 가치를 창출하는 것.'

이것은 제가 소속된 일본창조학회의 회원 83명에게 질문을 해서 얻은 회답 중에서 제 나름대로 도출한 정의입니다. 정의를 내리면서 제가 말하고 싶었던 것은 3가지가 있습니다.

첫 번째는 '창조란 정보와 정보의 조합'이라고 하는 것입니다. 여기에서 말하는 정보에는 주변에서 발견할 수 있는 지식(내부정보)과 책이나 밖에서 본 현상(외부정보)의 두 종류가 있습니다. 이러한 정보를 조합하고 그 조합을 최종적인 해답으로서 통합해야 한다는 것이 창조성의 제1조건입

창조성의 정의

정 의	창조성 연구의 영역
문제를 파악	(문제형성 / 문제의식)
서로 성질이 다른 정보를 조합하고	(정보정리 / 창조사고)
통합해서 문제를 해결하여	(해결순서 / 창조기법)
사회 또는 개인 차원에서	(창조교육 / 천재론)
새로운 가치를 창출하는 것	(평가문제 / 가치론)

Key Words

아브라함 매슬로(Maslow, A.H.)
인간학적 심리학을 제창하고 창조성이나 자기실현 등의 주제에 대한 연구를 했다. 저서에 『자기실현의 경영』 등이 있다.

자기실현의 창조성
누구에게나 창조성이 있다고 하는 사고방식. 창조성은 일상의 행동이나 태도에 자연스럽게 나타나는 자발적인 것으로 자신만의 생각을 실현하는 것이다.

특별한 재능의 창조성
사회적인 관점에서 새로운 가치가 있는지 아닌지로 평가하는 것이다. 예술가, 과학자 혹은 발명가 등에서 보이는 특별하고 독자적인 창조성을 가리킨다.

니다.

　두 번째는 '창조는 사회나 개인에게 새로운 가치를 창출한다' 라고 하는 부분입니다. 심리학자인 아브라함 매슬로는 창조성을 개인이 갖춘 창조성(자기실현의 창조성)과 사회적으로 새로운 가치를 가지는 창조성(특별한 재능의 창조성)의 두 가지로 구분합니다. 아이들이 창조한 것은 어른들이 보기에는 보잘것 없어 보일 수도 있습니다. 하지만 아이들에게는 새로운 가치가 있는 것입니다. 그리고 개인이 갖춘 창조성은 계발을 통해서 그 능력을 키울 수 있습니다.

　따라서 단순히 사회에 대한 영향력이라고 하는 것 외에도 개인이 창조성을 얼마나 발전시킬 수 있는가 하는 점도 생각할 필요가 있습니다.

　그리고 창조에 있어서 중요한 점은 '새로운 가치', 다시 말해서 새로운 해결책이어야 한다는 점입니다.

창조성이라고 하는 것은 전인격적(全人格的)인 것이다

　세 번째로 '창조성' 이라고 하는 것은 '창조적인 가능성' 이라는 점입니다. 이 말에는 '문제를 사전에 찾아내는 힘', '문제해결에 있어서 다각도로 힌트를 찾아내는 힘', 그리고 '해결을 위해서 끈기 있게 도전하는 태도' 등이 포함됩니다.

　다시 말해서 '창조성' 에는 사고력을 비롯해서 성격, 태도에 걸친 전인격적인 가능성까지도 포함됩니다. 그리고 진정한 해결자에게 절대로 빠질 수 없는 재능인 것입니다. 진정으로 문제를 해결하려는 사람에게 필수적인 재능입니다.

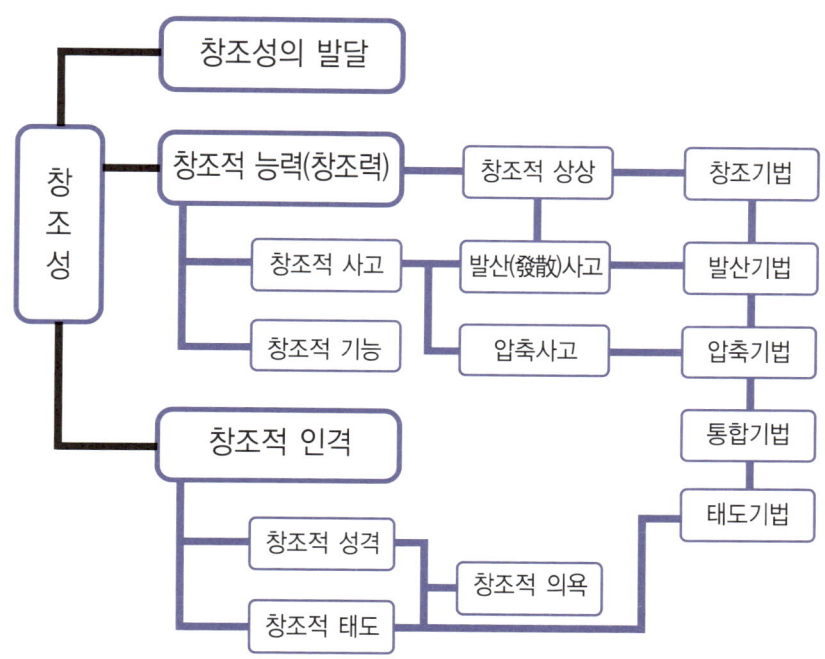

창조성은 전인격적으로 연관된다

> **Hints on Business**

창조성은 누구에게나 있는 능력이다

창조성이라고 하면 '나한테 그런 대단한 능력이 있을 리가 없어요'라고 말하는 사람을 자주 볼 수 있습니다. 그렇지만 창조성에 대해서 그렇게 대단하게 생각할 필요는 없습니다.

집안을 청소한다고 생각해 봅시다. 그러면 여러분은 어떻게 하면 청소를 빨리 할 수 있는지 생각을 할 것입니다. 그리고 회사에서 문구용품을 살 때에도 좋은 물건을 싸게 사기 위해서 생각을 할 것입니다. 그것이 바로 창조성입니다.

노벨상 같은 위대한 창조에서 가사일과 같은 조그마한 창조까지 창조의 폭은 대단히 넓습니다. 먼저 자기 주변의 작은 것에서부터 창조성을 발휘하도록 노력합시다.

제1장 문제를 해결하기 위한 접근 방식

5 개인이 취해야 할 발상 과정
문제해결의 기본 순서(개인편)

중요한 문제일수록 해결을 할 때는 기본적인 순서를 따르는 것이 중요합니다. 문제 해결의 순서의 예를 다음 장의 그림에 나타냈습니다. 처음 4개는 개인이 발상을 할 경우의 해결순서를 그리고 나머지 2개는 집단인 경우의 해결 순서를 나타냈습니다.

월리스의 4단계 학설(개인발상에 대한 해결순서의 대표)

그럼 개인발상에 대한 월리스의 학설을 설명하겠습니다.

① 준비(숙고) ② 숙성 ③ 창조적 사고 ④ 검증

① 준비는 그 문제에 대해서 여러 가지 정보를 수집하여 다각도에서 분석하여 '문제에 대해서 철저하게 생각해 보는 것'을 뜻합니다. 다른 말로 '숙고(熟考)'라고도 합니다.

② 숙성은 부화라고도 합니다. 문제를 철저하게 생각하고 나서 너무 조급하게 서둘러서 단락적(短絡的)인 해결책을 내지 말고 어미새가 자기 알을 따뜻하게 감싸듯이 천천히 숙성하는 것을 기다리라는 뜻입니다.

사고(思考)는 의식사고와 무의식사고로 나뉩니다. 예를 들어 책상 앞에

문제 해결 순서의 예

개인발상의 해결순서				그룹의 해결순서	
1 헬름홀츠	**2** G. 월리스	**3** J. 영	**4** A.F.오즈번	**5** J.E.듀이	**6** H.R.뷸
1. 준비 2. 숙성 3. 창조적 사고	1. 준비(숙고) 2. 숙성 3. 창조적 사고 4. 검증	1. 자료수집 2. 자료의 음미 3. 숙성 4. 아이디어 탄생 5. 아이디어의 구체화	1. 방침결정 2. 준비 3. 분석 4. 가설 5. 숙성 6. 종합 7. 검토	1. 문제의 발견 2. 문제의 명확화 3. 해결발상 4. 가설설정 5. 가설검토	1. 인식한다 2. 정의한다 3. 분석한다 4. 종합한다 5. 평가한다 6. 제출한다

Key Words

아르키메데스(Archimedes)
그리스의 천문학자인 동시에 수학자, 물리학자이자 기술자이기도 하다. 복활차(複滑車)나 나선수양기(螺線水揚器) 등을 발명했고 지렛대, 중심, 부력 등 역학의 기본적인 명제를 해명했다. 비중에 관한 연구를 활용해서 히에론 왕의 왕관에 사용된 금의 순도를 검증한 일화로도 유명하다.

월리스(Wallace, G.)
미국의 과학자이며 창조의 과정을 4단계로 나눈 '월리스의 4단계 학설'로 잘 알려져 있다. 이 학설은 발상에 있어서 '워밍업'의 중요성을 나타낸 것으로 대표적인 개인 발상의 단계로 알려져 있다.

서 열심히 생각을 한 다음에 침대에 누워서 멍하게 있어도 머리는 열심히 움직이고 있습니다. 문제에 대해서 철저하게 생각한 다음에는 우리도 모르는 사이에 의식사고가 사라지지 않고 그 일부분이 뇌의 깊은 곳, 다시 말해서 옛 피질에까지 도달해서 거기 있는 오래된 정보나 성질이 서로 다른 정보와 결합합니다. 이것이 무의식사고이고 문제의식의 탄생입니다. 계획은 이 무의식사고를 의식적으로 실행하는 것입니다.

옛 피질에 있는 전혀 관계가 없어 보이는 오랜 정보나 외부 정보를 문제와 결합시키면 ③ 창조적 사고가 일어나게 됩니다.

아르키메데스의 경우는 그 번뜩 떠오른 순간이 대중목욕탕이었습니다. 아르키메데스는 시라쿠사(siracusa)국의 왕에게 '금 왕관이 진짜 순금인지 혹은 눈속임을 해서 은이 들어가 있지는 않은지 조사하라' 는 명령을 받았습니다. 이 문제를 골똘히 생각하던 중 목욕탕에서 '물체를 액체 속에 넣으면 흘러 넘친 액체의 무게만큼 가벼워진다' 는 유명한 원리를 발견한 것입니다.

④는 검증입니다. 발상은 문득 떠오르는 생각이기 때문에 제대로 사용할 수 없는 것도 많습니다. 그래서 시간을 들여서 천천히 검증할 필요가 있는 것입니다.

이상을 체계화한 것이 월리스의 학설이고 전형적인 개인 발상에 대한 과정의 한 가지 예입니다. 문제에 대해서 먼저 철저히 숙고하고 그 문제의식을 기본으로 계획을 반복해서 '창조적 사고' 를 합니다. 그래서 나온 아이디어가 사용할 수 있는지 없는지 검증하는 것입니다. 그래서 마지막으로 도출된 아이디어의 적용 여부를 검증하는 것입니다.

월리스의 4단계 학설

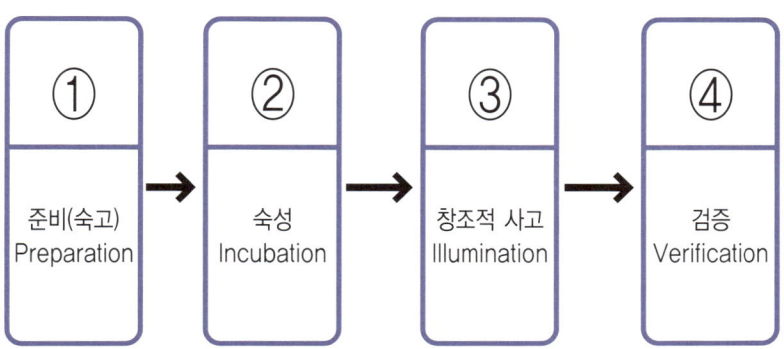

Hints on Business

자기만의 발상할 장소를 만들자

문제로 고민을 할 때 여러분은 어떤 장소에서 생각을 합니까? 서재, 공원 혹은 찻집 등 사람마다 다르겠지요. 저는 TV 퀴즈 프로그램에 7년간 문제를 낸 적이 있습니다. 매주 문제를 10개 이상 생각해야만 했습니다. 물론 매일 생각을 해야 하는 게 말처럼 쉬운 일이 아니었습니다.

그래서 집중해서 생각할 시간이 필요했습니다. 그래서 시간을 정해두기로 결심하고 매주 수요일 밤 8시부터 12시까지 방송국 근처의 다방에 틀어박혀 지냈습니다. 그 후 저는 다방을 나만의 생각하는 공간으로 삼았습니다.

자연스럽고 침착하게 생각을 떠올릴 수 있는 당신만의 '공간'은 어디입니까?

제1장 문제를 해결하기 위한 접근 방식

'이상형(理想型)'과 '현상형(現狀型)'의 두 가지 접근방식

6 문제해결의 기본 순서(그룹편)

그룹의 문제해결순서

그룹의 문제해결 순서를 생각해봅시다.

① 제1단계 문제설정

예를 들어 '커뮤니케이션이 잘 안 된다' 라고 하는 주제설정은 애매합니다. '외부와 정보 교환이 적다' 혹은 '중요한 정보가 상부까지 보고되지 않는다' 등 더욱 핵심적인 문제로 범위를 좁힐 필요가 있습니다.

② 제2단계 문제파악

문제의 여러 가지 사실을 밝혀 철저히 분석을 합니다. 이때 문제의 핵심을 파악합니다.

③ 제3단계 과제설정

문제의 핵심을 파악하고 나서 해결해야 할 목표와 평가 기준을 포함한 해결과제를 명확하게 합니다.

④ 제4단계 과제해결

문제에 유용한 모든 아이디어를 고려해 평가 및 구체화하는 단계입니다. 먼저 전체적인 구상(구상계획)을 세우고 계속해서 개별적인 계획(구체적인 계획)을 정리해서 실행순서(순서계획)를 생각합니다.

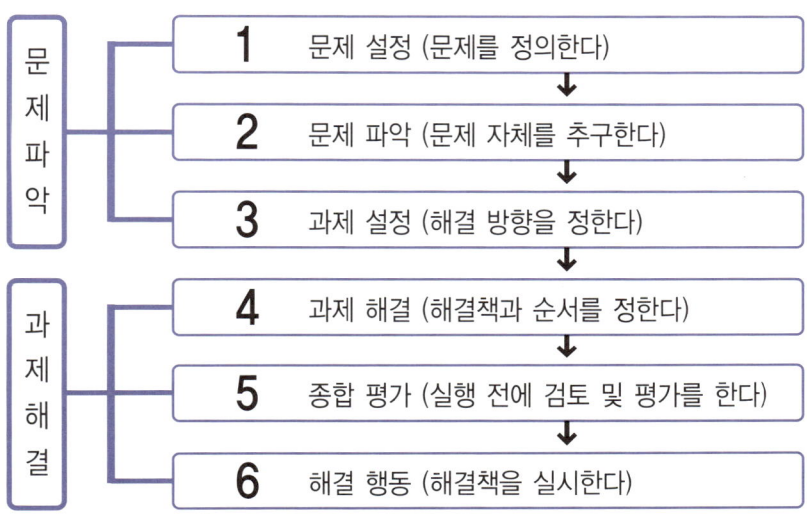

Key Words

사실 데이터
해결하려는 문제와 관련해 발생하는 사실을 나타낸 인쇄물이나 영상, 음성, 물품 등의 명확한 정보를 가리킨다. 문제파악을 할 때는 이러한 사실 데이터를 다각도에서 심도 있고 철저하게 수집한 후 충분히 분석해 문제의 본질을 찾는다.

착상데이터
사실과 대조되는 추측이나 소망, 이상 등을 포함한 아이디어를 가리킨다. 아이디어를 생각할 때는 현실에 얽매이지 말고 생각을 크게 부풀려서 원래의 바람직한 모습이 무엇인지를 추구하는 것이 중요합니다. 이러한 방법을 통해서 독자적이고 구체적인 것을 얻을 수 있습니다.

⑤ 제5단계 종합평가

해결책의 실현성이나 독자성을 종합적으로 판단합니다.

그룹의 문제해결 순서에서 중요한 단계는 ②와 ④입니다. 이 두 단계의 경우에 취급하는 데이터는 서로 성격이 다릅니다. 문제파악 단계에서는 '사실 데이터'를 수집하고 이러한 사실을 근거로 해서 때에 따라서는 추측을 하면서 원인을 찾아냅니다. 한편 문제해결 단계에서는 '착상 데이터' 다시 말해서 '아이디어'가 중심입니다.

또한 이 두 단계의 경우에 마음가짐도 다릅니다. 문제파악에서는 사실에 대해 '주의를 기울여서 분석'을 하고 문제해결에서는 아이디어를 '과감하게 발상'하는 것입니다.

이상형과 현상형의 두 가지 문제해결 접근방식

그리고 문제해결의 접근방식에는 이상형(理想型)과 현재상태형 즉 현상형의 두 가지가 있습니다. 먼저 현재의 문제를 찾아내서 해결을 도모하는 것을 '현상형 접근방식'이라고 합니다. 그리고 이상적인 목표를 설정하고 이상과 현실의 차이 즉 갭을 없애서 해결을 도모하는 것을 '이상형 접근방식'이라고 합니다.

다음 그림처럼 문제파악 장면에서 '현상형'은 문제에 관한 사실을 수집해서 '현상 분석'을 통해서 원인을 찾아냅니다. 한편 '이상형'은 문제를 해결했을 때 '이상상태'가 무엇인지를 먼저 상정(想定)하고 현상을 분석합니다. 그리고 이상과 현재 상태와의 차이를 없애기 위해서 실현 가능한 목표를 설정하여 해결책을 생각합니다.

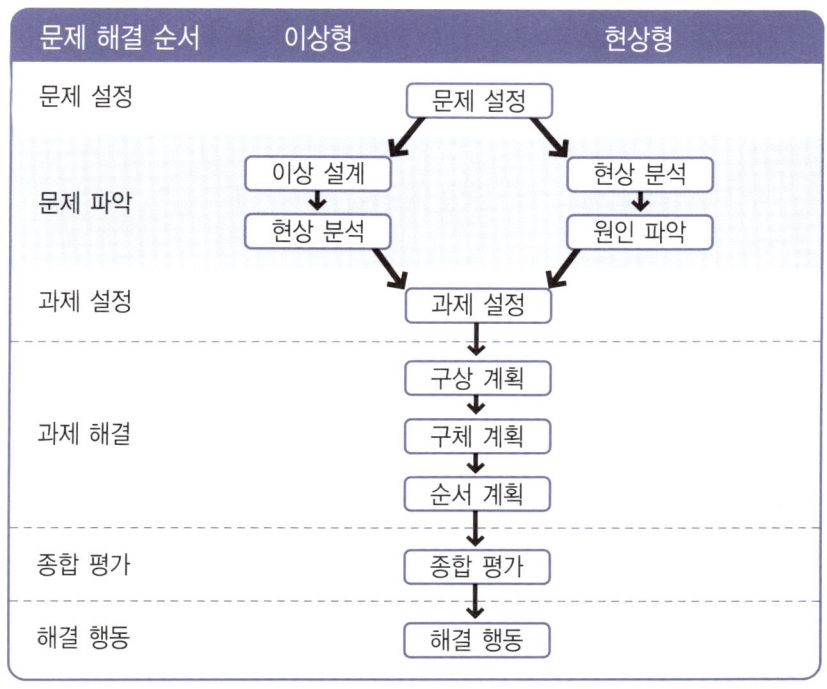

이상형과 현상형의 문제 해결 방식

> **Hints on Business**

그룹의 문제 해결에서는 모두에게 지금의 순서가 어디인지를 이해시킨다
그룹에서 창조적으로 문제를 해결할 때 지금이 문제해결의 어느 단계인지를 모두에게 이해시키는 것이 무엇보다 중요합니다. 또 문제파악 단계에서 여러 사람이 의견을 제시할 때 '이런 아이디어가 있는데 어떨까요?'라고 하는 사람이 있다면 바람직한 상황이 아닙니다.
문제파악을 할 때는 철저하게 문제의 사실과 그 원인을 찾아내는 것이 우선입니다. 아이디어는 문제해결 단계에서 충분히 제시하도록 해야 합니다. 이를 위해서는 리더가 지금 문제해결의 어느 단계인지를 항상 구성원들에게 알려줄 필요가 있습니다.

제2장

문제해결의
순서와 테크닉

제2장 문제해결의 순서와 테크닉

7

창조 사고(思考)는 발산사고와 압축사고
2가지로 나눠 사고(思考)

사람의 뇌는 정보의 수집과 처리를 행한다

    순서 다음은 사고를 하는 것입니다. 문제해결을 위한 사고를 하는 것은 물론 뇌입니다. 미국에서 가장 유명한 사고(思考) 심리학자는 JP 길포드입니다. 그는 미국 심리학회 회장으로서 많은 업적을 남겼습니다. 또한 창조성의 중요성을 강하게 주장했습니다. 그는 두뇌를 그림에서와 같이 '내용' '조작' '소산' 3가지로 분류했습니다. 그리고 그 모델을 사용해 세계에서 가장 널리 보급된 지능테스트를 작성했으며 창조성테스트도 고안했습니다.

    그는 두뇌를 다음과 같이 정의했습니다. 여러 가지 '내용'의 정보를 모아서 그것들을 '조작'해 무엇인가의 '소산'을 만들어내는 것으로 규정했습니다.

    정보의 내용은 다양한 정보를 포함합니다. 시각적인 것, 청각적인 것, 다양한 움직임의 행동적인 것도 포함합니다. 이러한 정보내용을 조작해 소산을 낳습니다. 예를들면 정보와 정보의 관계에서 단위, 종류, 체계 등이나 정보를 다른정보로 교환도 합니다.

길포드의 지능모델

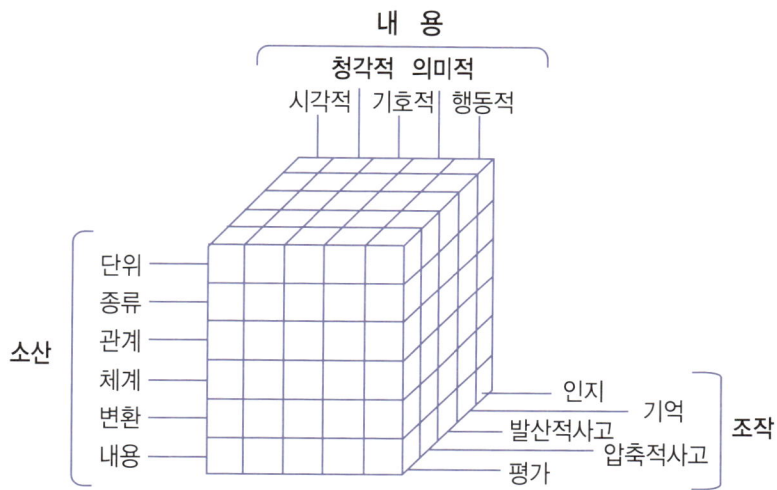

Key Words

사실
사람의 감정, 의견, 추측이 아닌 그대로의 상태 혹은 실제 일어난 현상, 감춰진 진실을 말한다. 문제 파악을 할 때는 고정관념을 버리고 객관적이고 다각적으로 정보를 수집한다. 그리고 예상 외의 사실을 수집하더라도 솔직한 기분으로 정확하게 받아들이는 것이 중요하다.

문제점
사실에 추측이나 의견을 더한 정보에서 떠오르는 문제의 핵심, 해결해야 할 원인이나 주제를 말한다. 문제의 원인과 결과의 인과 관계를 생각해서 중요한 문제점을 파악하는 것이 중요하고 이것이 해결의 목표이다.

사고는 발산사고와 압축사고로 나누어집니다

'조작'은 '두뇌의 움직임' 결국 '인간의 사고' 입니다. 인간은 감각기관으로 보거나, 듣거나, 만지는 것으로 물체를 '인지' 합니다. 그리고 그것들을 뇌에 '기억' 합니다. 먼저 뇌는 이와같이 정보수집을 행합니다.

다음으로 그것들의 기억 등을 이용해 정보처리를 행합니다. 여기서 정보처리라고 하는 것은 먼저 문제를 '발산사고'로 생각한 다음 생각했던 것이 과제에 '적절한가' '아닌가' 의 '압축적사고' 를 해, 채택할지 여부를 '평가' 하는 '압축사고' 를 뜻합니다. 여기서의 '압축사고' 에는 압축적사고와 평가가 포함됩니다. 사고는 이와같이 발산사고와 압축사고로 나누어집니다.

문제해결의 모든 단계에서 2가지 사고가 쓰여집니다. 예를들면 문제파악의 단계에서는 문제의 사실이나 원인을 발산사고로 끌어냅니다. 그리고 그것들 중에서 중요한 사실이나 원인을 압축사고로 정리합니다. 다음으로 문제해결의 단계에서는 먼저 아이디어를 발산사고로 펼쳐냅니다. 그리고 펼쳐진 아이디어 중에서 해결에 사용가능한 아이디어를 압축사고로 정리합니다.

이같이 문제해결의 순서에서는 발산사고와 압축사고 두가지가 필요합니다.

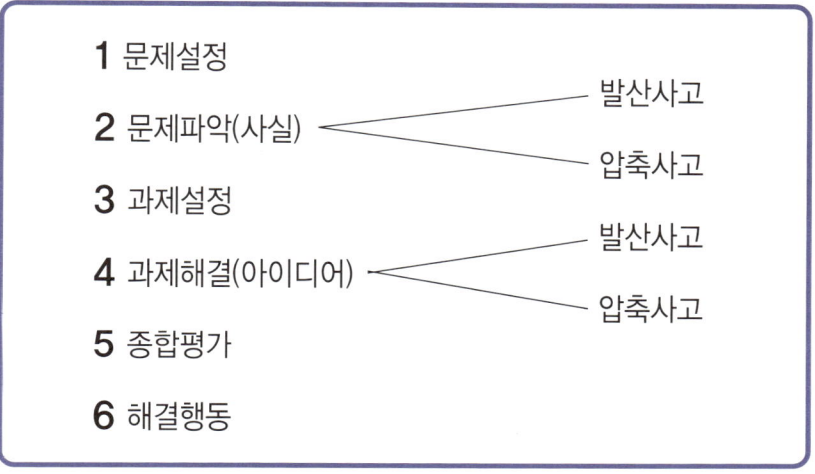

Hints on Business

문제해결이라는 것은 발산사고와 압축사고의 반복이다

상기의 '문제해결 단계와 적응기법'의 그림을 보면 확실히 알 수 있습니다만 문제해결은 발산사고와 압축사고의 반복입니다. 물론 각각 취급하는 데이터는 다릅니다. 그러나 그림을 자세히 보면 공통적인 기법이 많습니다.

이 책에서는 대표적인 문제 해결법을 소개하고 있으며 각 순서에서 자주 사용됩니다. 대표적인 문제 해결법을 꼭 습득하셔서 여러 가지 문제를 다양한 순서로 활용할 수 있도록 노력하세요. 문제 해결은 발산사고와 압축사고의 반복이라고 하는 것을 다시 한 번 알아두시기 바랍니다.

제2장 문제해결의 순서와 테크닉

8

천 개의 좋은 생각이 떠올라도 쓸모 있는 아이디어는 3개밖에 없다(300분의 1법칙)

발산 사고(發散 思考)의 기본 규칙

창조적인 문제를 해결할 때는 반드시 '발산사고'와 '압축사고(收束思考)'를 고려합니다.

발산사고와 압축사고는 동시에 실시하지 않는다

'발산사고'는 문제에 대해서 다양한 사실을 찾거나 다채로운 해결안을 창출하는 확대적인 사고를 말합니다. 한편 '압축사고'는 정확한 해답을 얻게 하는 작용, 즉 중요한 사실이나 원인의 범위를 좁혀서 해결책을 정리해 가는 집중적인 사고입니다.

이 두 가지 사고는 하나가 확대 그리고 또 하나가 집중이라는 면에서 서로 상반되는 사고방식입니다. 보통 사고를 할 때는 문제를 빨리 해결하려 이 두 가지 사고방식을 동시에 고려합니다. 그러나 문제해결에서는 발산일 때는 발산만을, 압축일 때는 압축만을 사용하도록 명확하게 구분하는 것이 필수적입니다.

예를 들어 회식을 준비하는 경우에 먼저 '회식장소는 단골로 가는 술집으로 가자'라고 생각했다고 합시다. 그 다음 '그러면 평소와 다를 바가 없

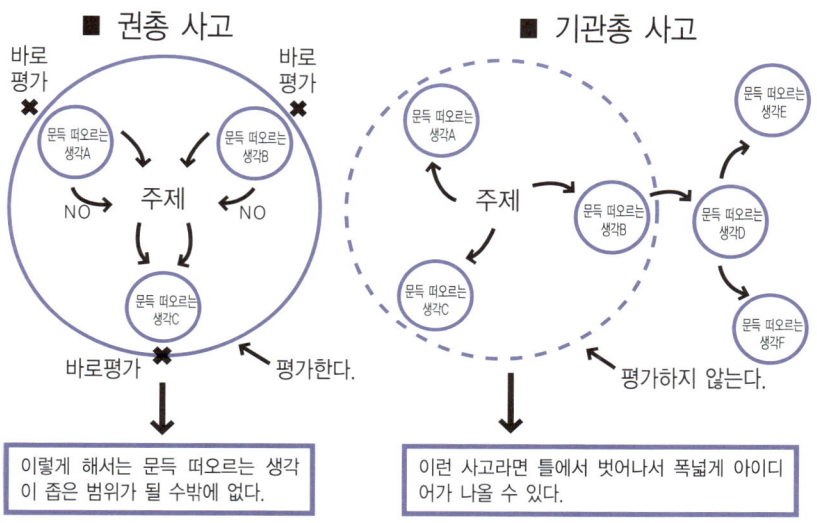

```
Key Words
```

발산사고(확산적 사고)
하나의 주제를 다각도로 고려해 여러 가지 해결책을 구하는 사고를 가리킨다. 구체적으로는 주어진 조건에서 다양한 발상, 즉 문제를 파악하거나 해결 시에 아이디어를 구하는데 사용하는 방법이다.

압축사고
어떤 주제에 대해 발산 사고로 도출한 사실이나 아이디어가 주제에 적합한지를 평가해서 정리해 가는 사고를 말하며 집중적 사고라고도 한다. 아이디어가 주제에 적합한지 평가·정리하는 사고를 말하며 집중적 사고라고도 한다.

잖아', '다른 곳은 없나' 등의 평가를 해서 정리하려고 합니다. 이것은 발산사고와 평가, 그리고 압축사고를 짧은 주기를 반복하고 있는 것입니다. 개인적으로 이러한 사고방식을 '권총 사고'라고 부릅니다. 일단 총을 한 발 쏘고 맞았는지 안 맞았는지 확인하고 또 총을 쏘는 방법이기 때문입니다.

그러나 이러한 권총 사고에서는 폭넓은 아이디어가 나올 수 없습니다. 자신의 아이디어를 스스로 비판해서 고치기 때문에 정신적으로도 좋지 않습니다. '이것도 안돼, 저것도 안돼' 하고 생각하고 있는 동안에 맥이 풀리고 우울해져 버립니다. '이것도 맘에 안 들고 저것도 싫은데' 라고 생각하는 동안 맥이 풀려 버립니다.

발산사고의 필수 다섯 가지 규칙

중요한 것은 일단 문득 떠오르는 생각을 많이 하고 바로 평가하지 말라는 것입니다. 서투른 사냥꾼이라도 일단 많이 쏘면 그 중에 한번은 맞는 법입니다. 맞았는지 안 맞았는지는 나중에 천천히 확인하면 됩니다. 어느 정도 폭넓은 아이디어를 내기 위해서는 '권총 사고'가 아닌 낙천적으로 '기관총 사고'를 하는 것이 좋습니다. 그렇게 하면 '회식은 유람선이나 공원에서 하자' 등의 독특한 아이디어가 나올지도 모릅니다.

발산사고의 규칙을 다음 그림에 다섯 가지로 정리를 했습니다. 이 규칙을 알고 발상을 하면 규칙을 몰랐을 때보다 발상의 양이나 질이 약 30% 높아지는 효과가 있습니다. 여러분이 아이디어를 낼 때 꼭 한번 활용해보시기 바랍니다.

발산사고의 다섯 가지 규칙

1 판단연기(延期) (좋고 나쁨의 판단을 바로 내리지 않는다)

2 자유분방   (기발하고 독특한 발언을 환영한다)

3 대량발상   (아이디어의 질은 생각하지 말고 일단 많이 발상한다)

4 광각(廣角)발상 (다각도로 폭넓은 범위에서 발상한다)

5 결합발전   (다른 사람의 발언과 연관지어서 발전시킨다)

혼자서든 여럿이든 발산사고를 할 때는 정리하는 것은 나중에 하고 이 다섯 가지 규칙을 사용해서 우선 머릿속에 있는 아이디어를 전부 이끌어내도록 합시다.

Hints on Business

발산사고의 '300분의 1법칙' 이란?

좋은 해결책은 어떤 문제해결이라도 공통적으로 요구됩니다. 이런 이유 때문에 발산사고가 아주 중요한 것입니다. 저희 회사에서는 '카모메일(역자주:일본 우정성의 우편물 이름)', '빅에그(역자주:오락 체인점. 영어발음은 Big Egg의 큰 달걀이라는 뜻)', 'TOSTEM(역자주:일본의 주택 관련 기업)' 등의 회사 이름을 고안하기도 했습니다.

상품이나 회사 이름을 정하는 네이밍 발상을 할 때는 한 번의 발상 회의에서 1000개 정도의 아이디어를 내는 것이 흔한 일입니다. 이런 발상회의에서는 철저하게 위의 '다섯 가지 규칙'을 사용합니다.

1000개 정도의 아이디어가 나와도 최종적으로 쓸 수 있는 것은 3개 정도밖에 안 됩니다. 그래서 저는 이것을 '300분의 1법칙' 이라고 부릅니다. 그러나 이런 3개의 좋은 아이디어는 997개의 쓸데없는 아이디어가 있었기에 나올 수 있는 것입니다.

제2장 문제해결의 순서와 테크닉

9

다각적인 시야로 정보를 찾는다

문제를 파악하는 정보 수집, 분석의 비결

'문제파악' 단계에서 수집하는 것은 '사실적인 정보' 입니다. 다시 말해서 문제와 관련된 모든 정보를 수집하는 것입니다.

정보 수집의 세 가지 포인트

카와키타 지로우 씨가 말하길 정보수집에는 다음의 세 가지 포인트가 있다고 합니다. (『속 발상법』 추우코신서 中公新書)

① **다각적**

문제를 여러 방향에서 관찰을 하고 모든 분야에서 다각적으로 정보를 수집하라.

② **정성적 (定性的)**

정량적(定量的)인 사실뿐만 아니라 될 수 있으면 정성적(定性的)인 사실도 찾아내는 것이 중요하다.

③ **간접적**

직접적으로 관계가 있는 사실뿐만이 아니고 간접적으로 관계가 있는 것, 혹은 뭔가 신경이 쓰이는 것까지도 폭넓게 정보를 수집하라.

정보 수집의 세 가지 포인트(카와키타 지로우)

세 가지 포인트	수집 방법의 예
1 다각적	문제와 관계가 있을 법한 자료나 각종 미디어 또는 관계자를 철저하게 조사한다.
2 정성적(定性的)	각종 조사 등에서도 앙케이트 등의 정량화된 사실뿐만이 아니라 사람들이 나누는 이야기 등의 정성적인 정보도 수집한다.
3 간접적	인터뷰에서 질문을 할 때라도 주제 외에 여담(부산물) 등에도 주목한다.

9개의 점을 한 획으로 연결하기의 예

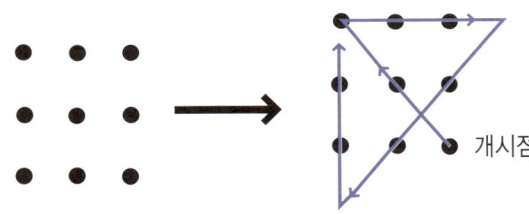

9개의 점이라는 틀 안에서 아무리 생각을 해도 해답은 얻을 수 없다. 이 틀에서 벗어났을 때 비로소 해답이 보인다. 이처럼 시야를 확대시키는 것이 중요하다.

Key Words

사실정보

사실이 무엇인지를 설명하는 것은 쉬운 일이 아니다. 실제로 일어난 일이라도 사람마다 받아들이는 것이 저마다 다르다. 하지만 그 사람이 그렇게 생각을 하면 그것은 '심리적 사실'이라고 할 수 있다. 따라서 사실이라고 생각되는 정보를 모아서 그것을 냉정하게 판단할 수밖에 없다. 따라서 사실이라고 생각하는 정보를 수집해 냉정히 판단해야 한다.

정량적인 사실과 정성적(定性的)인 사실

정량적인 사실은 여러 가지 사실 중에서 수치화할 수 있는, 즉 셀 수 있는 사실을 가리킨다. 한편 정성적인 사실이라는 것은 수치화 할 수 없는 사실을 가리킨다. 단지 사실을 많이 수집한다고 좋은 것이 아니라 질도 중요하다.

일반적으로 문제해결을 너무 서두르는 탓에 가까이에 있는 정보에만 얽매이기 쉽습니다. 예를 들어 마술을 볼 때도 마술사의 속임수를 발견하기 위해서 마술사의 손이나 표정만을 자세히 관찰합니다. 그러나 마술사도 프로이기 때문에 관객들이 어디를 볼지는 이미 알고 있습니다. 진짜 트릭은 마술사의 손 안이나 등 혹은 다리 밑에 숨겨져 있습니다.

'9개의 점을 한 획으로 연결하기'도 같은 것입니다. 9개의 점이라고 하는 사각 안에서 선을 연결하려고 생각하기 쉽습니다. 사각의 범위 안에서 9개의 점을 서로 연결하는 것만 생각하기 쉽습니다. 하지만 해답은 사각 안을 벗어나야 비로소 찾을 수가 있습니다.

정보를 찾을 때에도 시야를 다각적으로 넓히고 추측을 활용해서 모으는 것이 중요합니다.

문제파악에서 이용하는 두 개의 정보

또 문제파악을 할 때에 이용하는 정보에는 다음의 두 가지가 있습니다.

① 내부 정보 = 자신의 기억이나 자료 혹은 아는 사람의 이야기 등 '자기 주변의 지식'
② 외부 정보 = 신문, 잡지, 책 등의 인쇄물 그리고 TV, 라디오 등의 전파 미디어나 인터넷, 전문가의 이야기 등의 '자기 주변 이외의 모든 지식'

문제 파악시 활용하는 내부 정보와 외부 정보

두 개의 지식		그 내용
1 내부 정보		■자기 기억에 있는 지식 ■가지고 있는 기록물이나 자료 ■주변 사람의 이야기나 메일
2 외부 정보		■신문, 책 등의 인쇄 미디어 ■TV, 라디오 등의 전파 미디어 ■인터넷 등의 전자 미디어 ■전문가의 이야기 등 인간 미디어

 이 중에서도 친구나 가족 간의 개인적인 의사소통은 아주 중요합니다. 비밀 정보는 매스컴보다는 입소문으로 듣는 경우가 많습니다. 이처럼 문제파악 단계에서는 먼저 문제에 관련한 모든 정보를 외부, 내부에 관계없이 폭넓게 수집해 분석해야 합니다.

Hints on Business

정보에 민감한 것이 좋은 정보를 모으는 요령
문제를 해결하는데는 좋은 정보가 빠질 수는 없습니다. 여기에서 정보가 무엇인지를 생각해 봅시다. 정보라고 하는 말은 메이지 9년(1876년)에 니시아마네(西周)가 '란세뉴먼'(renseignement)이라는 프랑스어를 번역한 것이라고 알려져 있습니다. 이 말은 당시의 군대 용어로서 '중요한 알림' 혹은 '극비의 알림'이라는 뜻입니다. 즉 정보라는 것은 많은 사람들에게 알리고 싶지 않은 자기만의 중요한 것입니다. 따라서 창조인으로서 항상 좋은 정보를 입수 할 수 있도록 노력해야 합니다. 이를 위해서도 카와키타 씨의 '정보수집의 세 가지 포인트'를 충분히 이해하고 항상 정보에 민감할 필요가 있습니다.

제2장 문제해결의 순서와 테크닉

10 창조성은 풍부한 아이디어의 발상에서 나온다
문제 해결을 위한 아이디어 창출

문제를 해결한다는 것은 최종적으로 좋은 아이디어를 내고 구체화시켜 실천에 옮기는 것입니다.

그럼 여기서 어떠한 마음가짐으로 아이디어를 발상하면 좋은지를 생각해 봅시다.

길포드의 창조성의 여섯 가지 요소

앞에서 설명한 길포드는 창조성의 여섯 가지 요소로서 다음 여섯 가지 항목을 말하고 있습니다.

① 문제에 대한 감수성   ② 사고의 유창함
③ 사고의 유연성   ④ 사고의 독자성
⑤ 재구성하는 힘   ⑥ 구체화하는 힘

먼저 '문제에 대한 감수성'은 문제를 발견하는 능력을 말합니다. 이것은 아이디어 발상의 계기가 되는 요소입니다.

아이디어를 도출할 때, 다시 말해서 발산사고의 중요한 점은 '사고의 유창함' 과 '사고의 유연성' 입니다. 전자는 아이디어의 양적 창출이며 후자

고든의 창조에 대한 두 가지 마음가짐

마음가짐		내용 예
1 이질순화 (異質馴化)		동경대학 교수였던 이케다 키쿠에는 아내에게 다시마의 단맛에 관한 이야기를 들었다. 이것을 계기로 다시마의 성분을 분석해서 다시마의 단맛을 내는 성분이 glutamic acid 이라는 것을 알아냈다. 이렇게 해서 아지노모토(역주 : 일본의 거대 조미료 회사)가 탄생한 것이다.
2 순질이화 (馴質異化)		게임을 좋아하는 하세가와 고로씨는 간단한 규칙의 게임을 고안하고 있었다. 누구나 잘 아는 바둑에서는 둥근 형태와 흑, 백의 색깔을 그리고 일본장기에서는 장기 알을 뒤집는 힌트를 각각 얻어서 '오세로'를 창안했다.

Key Words

윌리엄 고든(Gordon, W. J. J)
비교(類比, analogy)발상법 'Synectics'의 창시자이다. 미국의 think tank arthur D little사에서 신제품 개발 프로세스를 연구한 후에 공동 개발자인 프린스와 Synectics사를 설립했다. 같은 비교발상법인 고든법의 고안자로서도 유명하다.

비교발상법
발상을 할 때 주제와 본질적으로 비슷한 사례를 찾아서 그 사례를 힌트로 발상하는 방법이다. 상어의 피부는 수영복의 힌트가 되었고 코카콜라 병의 형태는 여성의 체형이 힌트가 되었는데 이들이 비교발상법의 예라고 할 수 있다.

는 아이디어를 폭넓은 각도에서 창출하는 것을 의미합니다. 아이디어를 창출할 때는 다방면에서 많이 도출하는 것이 중요합니다.

다음으로 아이디어를 정리해서 해결에 연결시켜가는 압축 사고에서는 '사고의 독자성', '재구성하는 힘', '구체화하는 힘' 이 포인트가 됩니다.

다시 말해서 많은 아이디어를 확실하게 평가해서 좋은 것을 골라내기 위해서는 '독자적인' 아이디어를 여러모로 연결시켜서 '재구성' 하고 구체적으로 완성하는 '구체화' 의 힘이 중요하기 때문입니다.

창조적이기 위한 두 가지 마음가짐

상기의 사고 요소에 더해서, 윌리엄 고든은 발상 할 때의 마음가짐을 '창조적인 사람의 마음가짐' 으로서 다음의 두 가지를 예로 들어 설명하고 있습니다.

① 이질순화(異質馴化) : 자기가 처음으로 보고 습득한 것을 자신과 관련된 것과 연결해 아이디어를 발상한다.
② 순질이화(馴質異化) : 잘 숙지하고 있는 현상을 새로운 각도에서 재검토해서 발상한다.

순질이화를 이용하면 주변의 모든 것이 발상의 힌트가 될 수 있습니다. 처음 습득한 정보나 잘 알고 있는 정보에서도 보는 눈을 달리해서 다각도로 살펴보면 많은 아이디어가 나옵니다. 그 다음 단계에서 철저히 범위를 좁힙니다. 이런 발상법에서 고든은 비교발상법(類比發想法)을 생각해 냈을 겁니다.

순질이화의 비교의 예

실례	고안자	순질(馴質, 힌트)	이화(異化, 발상 에피소드)
벤젠의 분자식	프레드릭 케쿨레	꿈에서 본 뱀	분자식에서 최초로 루프 형태를 생각했다. 꿈에서 뱀이 자기의 꼬리를 물고 회전하는 것을 보고 발상.
치아 마취	H. 웰즈	웃음가스	유럽에서 웃음가스가 쾌감을 불러 일으킨다는 이야기를 듣고 미국의 치과 의사인 웰즈는 치아를 뽑을 때의 마취에 응용했다.
서모스타트 (자동 ON, OFF)	존 스펜서	보일러의 문	화력의 강약으로 신축하는 보일러 문을 힌트로 두 가지 종류의 다른 금속을 서로 맞대어 붙인 서모스타트를 발명했다.
소설의 한 장면	시바타 렌자브로	어린이의 고리 던지기	산책 중에 본 어린아이의 고리 던지기를 힌트로 '여자가 악당에게 습격을 당할 때 우산을 던져서 여자의 소중한 부분을 감싼다'고 하는 영화 장면을 고안했다.
디즈니랜드	월트 디즈니	스웨덴의 스칸센 유원지	오랜 역사를 가진 유명한 스칸센 유원지. 디즈니는 그 당시의 유네스코 마을과 같은 작은 건물이 모여 있는 것을 보고 디즈니랜드를 계획했다.

Hints on Business

이질순화와 순질이화 발상법을 사용해 보자

이질순화는 처음 알게 된 것을 주제와 연결시키는 발상법입니다. 일본에서 처음으로 프렌차이즈 체인을 한 곳은 모치카에리 스시 체인(역주: 가게에서 먹지 않고 집에 들고 가서 먹는 초밥을 파는 곳)입니다. 미국의 세븐 일레븐을 참고해서 이 시스템을 자기의 사업에 활용할 수 있을 거라는 생각에서 도입한 것입니다.

한편 순질이화 발상법은 잘 알고 있는 것의 시점을 바꾸어서 주제와 연결시키는 발상법입니다. 레이더는 박쥐에서 힌트를 얻었습니다. 박쥐라는 잘 알고 있는 동물을 '단파를 발사해 벽에 부딪히지 않고 하늘을 나는 것'으로 시점을 달리해서 생각했기 때문에 레이더 개발에 도움이 되었던 것입니다. 알고 있는 정보를 힌트로 전환시켜 생각하는 자세가 중요합니다.

제2장 문제해결의 순서와 테크닉

11

문제 설정~종합평가의 과정에서 최적 기법을 찾아낸다

4가지 문제 해결법을 잘 사용할 수 있도록 하라

4가지 문제 해결법은 1983년에 문제 해결법을 300종류 정도 모아서 『창조 개발 기법 핸드북』(일본 비즈니스 리포트)을 편집할 때 분류한 것입니다.

문제 해결법을 사고(思考) 모델로 분류

분류를 할 때 문제 해결법의 분류 방식에 대해서 여러모로 생각을 했습니다. 그 중에서 사고 과정을 중심으로 각 기법을 분류해서 정리하는 것이 좋다는 생각이 들었습니다. 그리고 길포드의 사고 모델에 따라서 '발산기법' 과 '압축기법' 의 두 가지 기법으로 분류를 했습니다. 각 방법의 포인트는 다음과 같습니다.

① 발산기법은 발산사고를 사용해서 사실이나 아이디어를 내기 위한 사고법입니다. 다시 말해서 문제 파악 단계에서는 사실을 말하고 문제 해결 단계에서는 아이디어를 창출하기 위한 기법이라고 할 수 있습니다.

② 압축기법은 발산사고로 도출한 사실이나 아이디어를 정리하는 수법을 말합니다. 발산 기법과 같이 문제 파악 단계와 문제 해결 단계에서도 사

4가지 문제 해결법

1 발산기법 (발산사고를 사용해서 사실이나 아이디어를 창출하는 기법)　　[주요기법]

- 자유연상법(생각나는 대로 자유롭게 발상한다) ················ 브레인스토밍법
  　　　　　　　　　　　　　　　　　　　　　　　　　　　　브레인라이팅법
- 강제연상법(각종 힌트에 강제적으로 연결 지어서 발상한다) ········ 체크 리스트법
  　　　　　　　　　　　　　　　　　　　　　　　　　　　　형태 분석법
- 비교발상법(주제의 본질과 닮은 것을 힌트로 발상한다) ············ NM법
  　　　　　　　　　　　　　　　　　　　　　　　　　　　　Synectics

2 압축기법 (발산사고에서 도출한 사실이나 아이디어를 정리하는 기법)

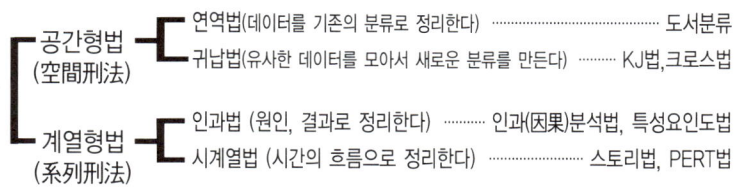

Key Words

사고의 과정
길포드는 뇌의 지각에서 정보처리까지의 작용을 ①인지→②기억→③발산사고→④압축사고→⑤평가의 5개의 과정으로 분류했다.

발산기법
발산사고를 활용해서 사실이나 아이디어를 내는 기법을 말한다. 브레인스토밍 등이 대표적인 예. 이 책에서 창조기법을 4종류로 분류했는데 그 중에 하나이다.

압축기법
발산사고에서 낸 사실이나 아이디어를 정리하는 기법으로 KJ법이나 특성요인도 등이 대표적인 예. 이 책에서 창조기법을 4종류로 분류했는데 그 중에 하나이다.

용됩니다.

그러나 상기의 두 가지 분류에 적용할 수 없는 기법이 두 종류 있습니다.

첫 번째는 하나의 기법 속에 발산과 압축의 두 가지 사고가 포함된 것입니다. 이러한 것을 '종합기법'이라고 합니다. 또 하나는 그 자체가 문제 해결에 바로 사용할 수 있는 기법은 아니고 '문제 해결에 대한 마음가짐', 다시 말해서 '창조적인 태도를 몸에 익히게 하기' 위한 기법입니다. 이러한 기법은 '태도기법'이라고 부릅니다.

이처럼 창조적으로 문제를 해결하기 위한 기법은 '발산기법', '압축기법', '종합기법', '태도기법'의 4종류로 나눌 수가 있습니다. 그리고 문제 해결에서는 문제 설정~종합평가의 단계마다 위의 네 가지 기법 중에서 가장 적합한 것을 골라서 사용하도록 합시다.

문제 해결의 4분류에 대해서

① 발산기법   ② 압축기법
③ 종합기법   ④ 태도기법

옆의 그림에 문제 해결법의 네 가지 분류와 대표적인 기법을 나타냈습니다. 각 기법에 대한 자세한 내용은 다음에서 설명하겠습니다.

덧붙이면 이 문제 해결의 4분류는 일본 창조성 연구에서는 정착된 분류법입니다.

4가지 문제 해결법

3 종합기법 (발산과 압축을 반복하는 기법) ········· 하이브리드법
　　　　　　　　　　　　　　　　　　　　　　　워크 디자인법

4 태도기법 (문제해결 그 자체에 초점을 맞추는 것이 아니고
　　　　　　　주로 창조적인 태도가 몸에 배도록 하기 위한 기법)

┌ 명상기법 (대부분은 동양권에서 발생한 것. 마음을 안정시킴으로서 ········· 자율 훈련법
│　　　　　 정신 통일을 꾀하여 창조적인 마음가짐을 키운다)　　　　　　　　요가, 좌선
│
├ 교류형법 (프로이드의 정신분석에서 발생한 것으로 ······················· 카운슬링
│　　　　　 카운슬링기법이 중심이 된다)　　　　　　　　　　　　　　　　TA(교류분석)
│
└ 연극형법 (카운슬링 기법으로 소집단에 연극을 적용한 것) ·················· 심리극
　　　　　　　　　　　　　　　　　　　　　　　　　　　　　　　　　　　롤 플레이닝

Hints on Business

문제 해결법의 분류를 알고 문제마다 적합한 해결법을 사용한다

자기가 안고 있는 각각의 문제마다 적합한 문제 해결법을 잘 사용해야 합니다. 문제가 명확하고 그룹으로 각 문제 해결 단계를 거치는 큰 문제는 발산 기법과 압축 기법을 혼합해서 해결해야 합니다.
한편 과제를 빠르게 처리해야 하는 개인문제에는 '종합기법'을 사용하면 좋습니다. 이처럼 발산, 압축, 종합의 세 가지 기법은 구체적인 해결에 사용하는 기법입니다. 한편 창조적인 마음가짐을 키우거나 의욕을 높이는 데에는 '종합기법'이 적합합니다. 물론 각각의 문제 해결법에는 여러 가지 특징이 있기 때문에 최종적으로는 문제마다 각각의 기법을 잘 선별해서 사용하도록 합니다.

제2장 문제해결의 순서와 테크닉

12
자유, 강제, 비교의 3기법으로 발상한다
발산기법으로 아이디어 발상력을 갈고 닦아라

발산기법은 3종류로 나뉜다

발산기법은 사실이나 아이디어를 생각하는 사고법으로 크게 다음의 3가지로 분류됩니다.

① 자유연상법 ② 강제연상법 ③ 비교발상법

아리스토텔레스는 연상하기 쉬운 것을 반대, 접근, 유사의 세 가지로 분류하고 '연상의 법칙'이라고 명명하였습니다. 예를 들어 '위라고 하면 밑' (반대연상), '산이라고 하면 강' (접근연상), '공에서 지구' (유사 연상) 등 입니다.

이처럼 연상은 어떤 생각에서 다른 생각을 계속해서 떠올리는 작용을 가리킵니다. 연상을 할 때 어떤 주제에서 생각나는 것을 계속해서 열거하는 것을 '자유연상' 이라고 합니다. 이 사고법을 사용한 기법이 '자유연상법' 입니다.

다음에 주제와 힌트를 강제로 연결시켜 발상하는 방법을 '강제연상법' 이라고 명명했습니다.

마지막으로 '비교발상법' 은 주제를 생각할 때 그 주제와 비슷한 것을 찾고 이를 힌트로 생각을 하는 방법입니다.

아리스토텔레스의 연상법칙

연상의 종류	내용	예
반대연상	주제와 상반되는 개념을 연상하는 작용	산→바다, 흑→백, 남→여, 판매→제조
접근연상	주제와 시간적, 공간적으로 가까운 개념을 연상하는 작용	산→강, 하늘, 숲, 호수, 녹색, 나무, 정상
비교연상	주제와 비슷한 개념을 연상하는 작용	산→삼각형, 불독→완고한 아버지

Key Words

아리스토텔레스(Aristoteles)
그리스의 철학자. 17살에 플라톤의 학원에 들어가 20년간 공부를 했다. 철학 외에도 논리, 심리, 윤리, 생물 등 다방면에서 두각을 나타낸 천재이다. 그의 학문은 후세에 큰 영향을 끼쳤고 학문의 아버지로 여겨지고 있다.

연상의 법칙
고대 그리스 시대부터 우리들은 어떤 관념에서 다른 관념을 계속해서 생각해 낼 수 있는 능력, 즉 연상할 수 있는 능력이 있다는 것을 알았다. 아리스토텔레스는 이것을 '연상의 법칙'이라고 명명하고 '반대', '접근', '비교'의 세 가지로 분류했다.

3가지 발산법의 차이점은 무엇인가?

'새로운 가위에 대한 아이디어'를 예로 들면, '자유 연상법'으로 생각하면 아무런 힌트도 없습니다. 생각나는 대로 '몇 번을 잘라도 잘리는 정도가 같다', '필통 속에 쏙 들어간다', 코털을 자를 때도 사용할 수 있다 등 자유롭게 아이디어를 창출합니다.

한편 '강제 연상법'에서는 같은 주제에 대해서 '형태를 바꾸면 어떨까', '노인들을 위한 아이디어는 어떤 것이 좋을까', '신소재를 사용하면 어떨까' 등의 사고 방향을 정해서 발상을 합니다. 앞의 질문에 대한 해답의 일례를 나타내 보겠습니다.

형　태 = '날을 학의 부리 같은 형태로'

노인용 = '힘을 주지 않아도 자를 수 있다'

신소재 = '세라믹을 사용한다'

이처럼 연상하는 범위를 강제적으로 제한해서 사고를 집중시켜 더욱 구체적인 발상을 할 수가 있습니다.

세 번째의 '비교 발상법'에서는 주제와 본질적으로 닮은 것을 힌트로 합니다. 여기서 '본질적'이라고 하는 것은 단순히 겉만 닮은 것이 아니고 힌트가 주제 자체와 본질적으로 닮았다고 하는 의미입니다.

'가위'를 예로 들어 생각해 보면 '물건을 자르는 기능이 있는 것'은 무엇인지에 대한 힌트를 찾습니다. 예를 들어 '단두대'를 힌트로 하면 다음은 '단두대를 토대로 새로운 가위를 생각할 수 없을까? 하는 아이디어를 찾는 것입니다.

3가지 발산기법과 이미지 그림

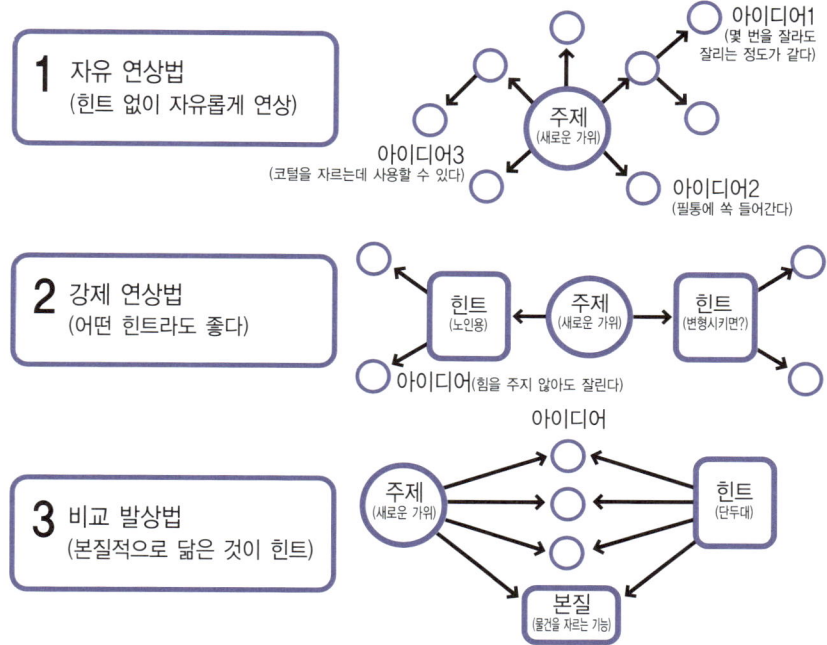

Hints on Business

세 종류의 기법의 능숙한 사용방법

먼저 '자유 연상법'은 말 그대로 생각나는 대로 자유롭게 생각하는 방법입니다. 아이디어를 창출할 때나 폭넓게 아이디어의 범위를 넓히는 데에는 효과가 있습니다. 여러 명이 떠들썩하게 아이디어 발상을 할 때도 적합합니다.

'강제 연상법'은 자유 연상법으로 좀처럼 좋은 생각이 떠오르지 않을 때 활용하면 좋습니다. 발상을 할 때 잡지나 사전 등을 힌트로 하거나 길거리에서 무언가를 발견하면 바로 주제와 연결시킬 수는 없는지 생각해 보는 것입니다.

마지막으로 '비교 발상법'은 조금 치밀하고 복잡합니다. 주제를 신중히 검토해서 그 본질이 무엇인지 생각하고 이를 지닌 사물을 찾아낸 후 힌트로 삼아 사고하는 방법입니다.

제2장 문제해결의 순서와 테크닉

13

공간형(空間型)과 계열형(系列型)의 두 가지 정보정리법

압축기법으로 아이디어를 정리하라

압축기법은 문제해결의 순서에서 볼 때 발산기법의 다음입니다. 앞에서 설명한 것처럼 사실이나 아이디어를 정리하기 위한 수법입니다.

압축사고에는 길포드가 말하는 '압축사고' 와 '평가사고' 가 들어 있습니다.

압축사고는 공간형과 계열형으로 나뉜다

압축기법을 다음과 같이 정리했습니다.

① **공간형**

　　(1) 연역법　　(2) 귀납법

② **계열형**

　　(1) 인과법　　(2) 시계열법

먼저 크게 공간형과 계열형의 두 가지로 나눕니다. '공간형' 은 발산기법으로 수집한 정보를 '내용의 동일성', 다시 말해서 내용이 비슷한 것인지 아닌지를 기준으로 수집하는 방법입니다. 한편 '계열형' 은 정보를 'flow(흐름)' 에 따라서 정리하는 방법입니다. 비슷한 것을 수집하는 게 아

압축기법의 두 가지 형태

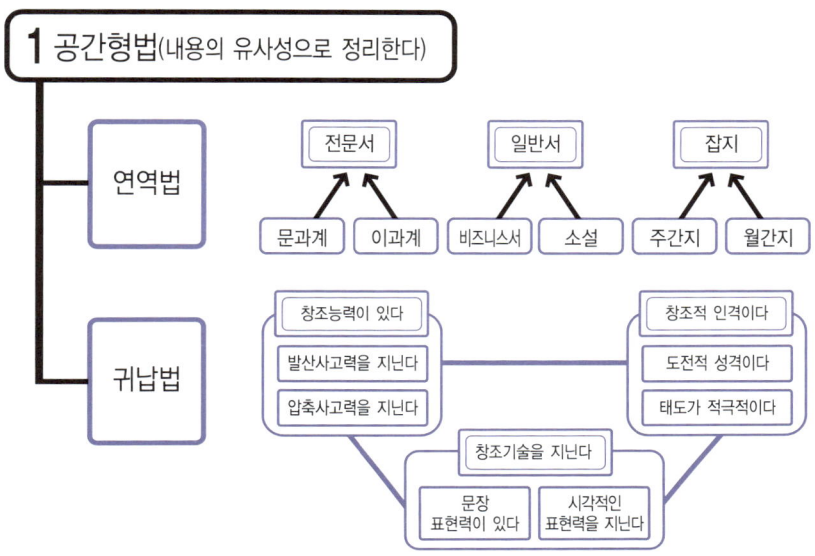

Key Words

연역법
원칙에서 특정의 사실을 추측하는 사고방식. 여기에서 압축기법의 공간형의 연역법이라고 하는 것은 발산기법으로 낸 사실이나 아이디어를 미리 정해둔 분류로 수집하는 방법을 가리킨다. 신속한 수집이 가능하다.

귀납법
구체적 사실에서 새로운 원칙을 도출하는 사고방식. 여기에서 압축기법의 공간형의 귀납법은 발산기법으로 도출한 사실이나 아이디어 중에 서로 비슷한 것을 단계적으로 쌓아 올리는 방식으로 새로운 분류를 만들어 낸다. 과정을 예측할 수 없는 창조적인 문제 해결에 자주 사용한다.

니라 어떠한 이유에 의한 흐름으로서 정리하는 것입니다.

공간형과 계열형은 각각 두 가지로 분류한다

'공간형'을 연역법과 귀납법의 두 가지로 세분했습니다. 연역은 원칙에서 특정한 사실을 추측하는 사고방식이고 귀납은 구체적인 사실에서 원칙을 도출하는 사고방식입니다. 그리고 공간형의 연역법이라고 하는 것은 정보를 정해진 분류에 따라서 수집하는 방법입니다. 한편 귀납법은 서로 비슷한 정보를 수집해서 단계적으로 쌓아 올리는 방식으로 새로운 분류를 만들어 내는 방법을 말합니다.

창조적인 문제를 해결할 때는 귀납법을 많이 사용합니다. 창조적인 문제, 즉 진행과정을 예측하기 어려운 문제는 기존의 상위 개념을 잘 모르거나 그 자체를 타파한 참신한 발상이 요구되기 때문입니다. 그렇다고 연역법을 사용할 수 없는 것은 아닙니다. 사고시간을 제약하기 위해서는 정해진 상위개념에서 정보를 정리하는 것이 편리합니다.

따라서 이 두 가지 연역법과 귀납법을 유연하고 적절하게 잘 나누어서 사용하는 것이 중요합니다.

다음으로 '계열형의 압축기법'은 정보를 '흐름'으로 정리하는 방법입니다. 그 '흐름'은 크게 인과 혹은 시간의 흐름으로 나뉩니다.

예를 들어 '문제점을 찾아내기' 위해서는 원인과 결과가 어떻게 된 건지를 생각하는 인과에 의한 사고를 합니다. 이것이 '일의 스케줄'이라면 시계열의 흐름입니다.

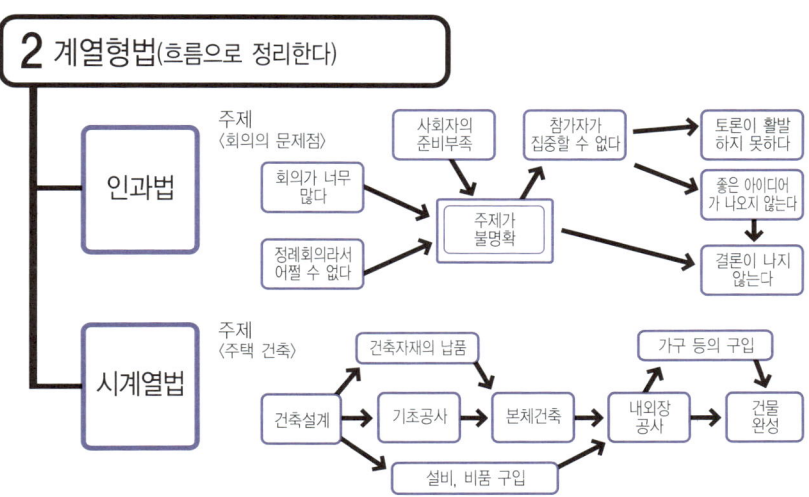

압축기법의 두 가지 형태

Hints on Business

압축기법의 실시는 2차 발상의 시간이기도 하다

발산기법으로 창출한 아이디어를 정리하는 것이 압축기법입니다. 아이디어를 창출하는 것은 발산기법을 사용할 때뿐이라고 생각하기 쉽습니다만 이는 큰 오산입니다. 발산기법을 사용하면 여러 가지 아이디어가 나오는 것은 사실입니다. 하지만 미숙한 아이디어가 대부분입니다.

그런데 압축기법으로 아이디어의 범위를 좁히면 해결의 방향성이 어느 정도 보이기 시작합니다. 그러다 갑자기 성숙하고 제대로 된 아이디어가 떠오르는 경우가 많습니다. 이를 2차 발상이라고 합니다. 2차 발상의 아이디어는 쉽게 실용화될 수 있습니다. 따라서 압축기법을 사용할 때도 발상을 하는 것입니다.

제2장 문제해결의 순서와 테크닉

14 발산기법과 압축기법을 보충한다
종합기법과 태도기법을 알아두자

문제 해결법의 분류에서 발산기법과 압축기법의 두 종류에 대해서 언급하지 않았던 종합기법과 압축기법에 대해서 설명을 하겠습니다.

종합기법이라고 하는 것은 무엇인가?

'발산' 과 '압축' 의 두 기법의 균형이 같고 어떻게든 분류할 수 없는 기법을 '종합기법' 이라고 명명했습니다.

'종합기법' 에는 문제 해결의 모든 순서를 포함하고 있는 경우가 많고 하나의 문제 해결을 한꺼번에 해결할 수도 있습니다.

태도 기법은 세 가지로 분류한다

한편 '태도기법' 은 다음의 세 가지로 분류합니다.

① 명상형법 ② 교류형법 ③ 연극형법

'명상형법' 의 대부분은 동양에서 탄생한 요가, 좌선, 명상, 최면, 자율 훈련법 등이 대표적입니다. 기본적으로는 정신통일을 도모하고 문제 해결에 대한 마음가짐을 터득하는 기법입니다.

종합기법의 이미지

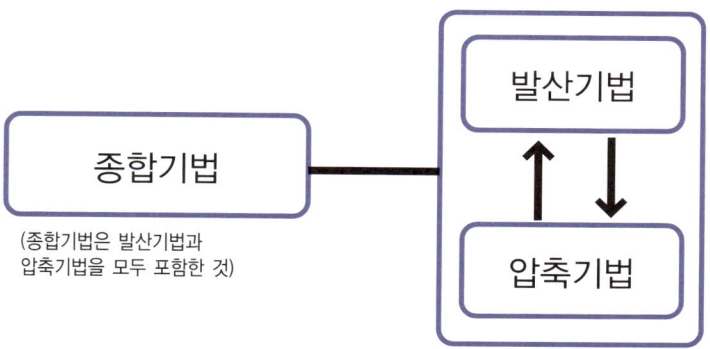

(종합기법은 발산기법과 압축기법을 모두 포함한 것)

> **Key Words**

이미지 컨트롤법(IC법)
성공하는 사람은 과거나 미래에 성공할 것이란 가능성이 높다는 것에 주목해서 사람의 신경계에 긍정적인 이미지의 정착을 목표로 하는 기법. 호사카 에이노스케씨가 고안했다.

교류분석(TA법)
과거의 경험이 현재의 생활에 어떻게 투영되는가를 정신분석해서 자기 개선을 목표로 하는 집단심리 요법. 개인이라도 할 수 있다.

역할 연기(role playing)
실제로 무엇인가를 해봄으로서 구체적으로 언제라도 행동하도록 하는 것을 목표로 하는 기법. 몰레노의 심리극에서 탄생한 사회극의 파생형.

명상형법을 사용해서 아이디어 발상도 합니다. 특히 제품개발 분야에서는 구체적으로 제품의 이미지의 발상에도 사용하고 있습니다. 이미지 컨트롤 법(IC법)이나 좌선을 시스템화한 공학선(工學禪) 등이 있습니다.

'교류형법', '연극형법'은 프로이드의 정신분석에서 생겨난 서구형의 방법으로 개인을 대상으로 한 카운셀링기법이 주체가 됩니다. 그 중에서도 로저스의 비지시적 카운셀링이 중심이고 encounter group(역주 : 인간 감수성 훈련 집단)은 그 예입니다. 에릭 번의 교류분석(TA)은 일본에서도 폭넓게 보급됐습니다. 환자와 정신분석의사라고 하는 1:1의 형태에서 집단요법으로 발전한 것입니다. 카운셀링은 치료뿐만이 아니고 정상인의 가능성 향상에도 자주 사용됩니다. 문제 해결은 궁극적으로는 해결하는 사람 자신과 문제와의 대결이기 때문에 자기 개혁을 목표로 하는 카운셀링기법이 도움이 되는 것입니다.

'연극형법'도 집단을 대상으로 하는 카운셀링기법입니다. 야곱 몰레노(J.L.Moreno)가 치료를 위해서 시작한 심리극은 소집단 속에서 즉흥극을 통해서 문제를 인지시키는 방법입니다.

심리극은 아이들 대상에는 창조력을 키워주고 극적으로 발전해서 자발성이나 표현력을 키우는 방법이 되었습니다. 성인을 대상으로는 인간관계 개선이나 자기혁신을 위한 사회극으로 발전했습니다.

역할 연기(role playing)도 심리극에서 파생되어 점원이 판매실무를 익히는 등 비즈니스 행동을 익히는 기법으로 발전했습니다.

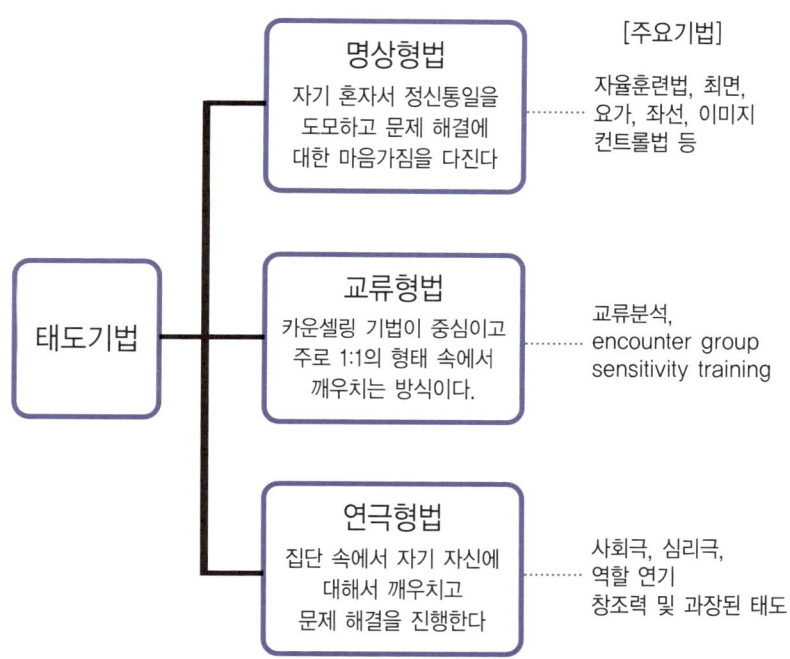

Hints on Business

종합기법을 잘 활용하자

기본적으로 종합기법에는 문제 해결의 순서와 발산기법, 압축기법이 포함됩니다. 따라서 종합기법을 효과적으로 이용하기 위해서는 각각의 순서로 발산기법과 압축기법을 능숙하게 반복해서 사용하는 것이 중요합니다. 그런데 종합기법 중에는 기법이 그다지 명확하지 않은 것도 있습니다. 이러한 종합기법에는 적절한 발산기법과 압축기법을 번갈아 가면서 사용하는 것이 좋습니다. 종합기법은 종류가 그렇게 많지 않고 낯선 것이 대부분이어서 활용을 주저하기가 쉽습니다. 그러나 이를 잘 알아두면 단시간에 문제를 해결하거나 독특한 문제 해결에 사용할 수 있는 등 상당한 재미가 있습니다. 종합기법도 주저하지 말고 시도해 보세요.

문제해결의 발상은
자유연상법부터

제3장

제3장 문제해결의 발상은 자유연상법부터

15 모든 발산기법의 어머니 '브레인 스토밍'(BS법)
자유로운 발언환경에서 풍부한 아이디어를 끌어내라

BS법의 기본 4대 규칙

브레인 스토밍(BS법)은 미국의 알렉스 오즈번이 창시한 그룹발산기법으로 다음의 네 가지 규칙이 기본입니다.

① 비판 엄금 ② 자유분방 ③ 질보다는 양 ④ 결합개선

① '비판 엄금'은 다른 사람의 말을 절대 비판하지 말라는 말입니다. 비판이 없기 때문에 구성원들은 자유롭게 발상, 발언을 할 수 있습니다.

② '자유분방'은 무슨 말을 해도 용인이 되기 때문에 편안한 분위기를 만들어 줍니다.

③ '질보다는 양'은 양이 질을 낳는다 혹은 서투른 총솜씨도 일단 많이 쏘면 한번은 맞는다는 원칙이 담긴 말입니다.

④ '결합개선'은 다른 사람의 아이디어에 편승해서 더 좋은 아이디어로 발전시키는 것을 말합니다.

BS법의 진행방법

① 주제는 구체적으로 정한다

공장에서 주제를 '현장 사고를 줄이기 위해서는'이라고 했더니 효과적인 아이디어가 나오지 않아서 '전원에게 헬멧을 착용하도록 하기 위해서

BS법의 진행 방법

1 주제는 명확하고 구체적이어야 한다
2 리더는 전원에게 발언을 촉구한다
3 구성원은 5~8명으로 한다
4 모든 발언을 기록한다
5 키워드를 살려서 요약한다

Key Words

브레인 스토밍(BS법)
1939년 미국의 광고회사 BBDO의 부사장이었던 (나중에 사장이 되었음) 오즈본이 서로 다른 직종의 사람들이 틀에서 벗어나 자유롭게 발상을 할 수 있도록 고안한 집단발상기법. 참가자들이 브레인(뇌)에서 스톰(폭풍)같은 발상을 하는 회의 풍경이 이름의 유래이다.

오즈본(Osborn, A.F.)
미국의 광고회사 Battern, Barton, Durstine and Osborn(BBDO)사의 창립자 중의 한사람. 뉴욕 타임즈지에 여러 개의 창조성 개발에 관한 생각이나 의견을 발표하고 사원과 함께 브레인스토밍을 개발했다. 미국의 창조성 연구와 개발의 시조라고 할 수 있다.

는'이라고 했더니 좋은 아이디어가 많이 나왔다고 합니다.

② 사각형으로 나열한 책상 그리고 큰 용지를 준비한다

모두 각자의 얼굴을 볼 수 있도록 책상은 사각형이나 타원형으로 나열합니다. 칠판에 모조지를 붙이고 펠트펜으로 쓰거나 아니면 책상 위에 A3용지를 두고 큰 글씨로 아이디어를 씁니다. 전자 칠판은 BS법에 최적입니다.

③ 리더는 사람을 잘 구슬리는 사람이 좋다

리더는 사전에 주제를 잘 분석하고 발상을 위한 계기를 다각적으로 구성원들에게 제시해서 의견이 다양하게 나오는 환경을 준비합니다. 그리고 분위기를 조성해 목표에서 벗어나지 않도록 리드를 하고 다방면에서 아이디어가 나오도록 합니다. 사람이 적을 때는 서기도 맡습니다.

④ 구성원은 여러 분야에 몸담고 있는 사람들로 구성하는 것이 좋습니다

구성원은 5~8명 정도가 좋습니다. 주제에 대한 전문가를 절반 이하로 구성하고 여러 분야의 사람을 모집합니다.

⑤ 자유롭게 발언을 시키고 모든 발언을 잘 기록한다. 자유롭게 발언하도록 하고 발언 내용을 잘 기록한다

'아침통근 전차에서 하루 일의 순서를 생각한다.'를 '사전준비'라고 하지말고 '출근 시에 하루의 순서를 생각한다.' 등으로 잘 요약을 합니다.

⑥ 시간은 한 시간 정도가 적당하며 그 이상 걸리면 중간에 휴식을 취한다

⑦ 아이디어의 평가는 비판엄금으로 실시한다

아이디어의 평가에서는 '독자성'과 '실현성'이 문제시됩니다. 평가할 때는 아이디어를 결합해서 더 좋은 방안을 찾아봅니다.

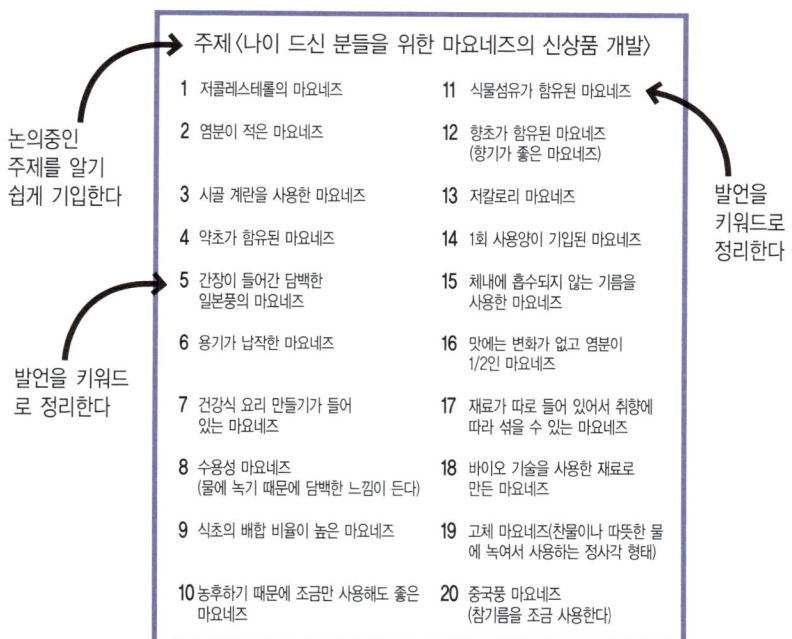

Hints on Business

브레인 스토밍에서 많은 사람이 발언하도록 하는 비결

아무래도 BS법에서는 사람에 따라서 발언의 차이가 있습니다. 따라서 일단 중요한 것은 모두가 동등하다고 의식하는 것입니다. 또 가능한 비슷한 수준의 구성원으로 실시하는 것이 좋습니다.

하지만 그렇게 안 될 경우에 리더는 모두에게 'BS를 하는 중에는 서로 존칭을 사용해서 이름을 부르도록' 지시를 합니다. 한쪽에 편중되지 않고 모두가 고루 발언하기 위해서는 한 사람 당 하나의 아이디어를 순서대로 발표하도록 하는 것도 좋습니다.

또한 리더는 타이밍을 잘 맞추어서 발언이 적은 사람을 지명해서 발언을 촉진하도록 합시다. 그리고 한 번의 발언은 길어도 1분 이내로 하고 때에 따라서는 타이머를 사용해서 시간을 지키도록 합시다.

제3장 문제해결의 발상은 자유연상법부터

16 참가자 전원에게 골고루 발상을 시켜라
추가 발상을 만들어 내고 처리하기도 편한 카드BS법

'카드BS법'은 카드를 사용한 브레인 스토밍의 약칭입니다. BS법과 비교해 모두가 골고루 발언을 할 수 있고 카드를 사용하기 때문에 정리를 빨리 할 수 있도록 고안된 기법입니다.

카드BS법이란 무엇인가?

전원이 카드(2.5cm × 7.5cm 의 포스트잇이 적당)에 아이디어를 기입합니다. 기본적인 흐름은 '개인이 침묵발상' → '순서대로 발표'의 반복입니다. 발표된 아이디어는 모두 카드에 기록되어 있기 때문에 나중에 정리를 빨리 할 수 있습니다. 덧붙이면 이 방법은 개인도 사용할 수 있습니다. 생각나는 대로 카드에 적고 그 카드를 책상 위에 나열해서 추가 발상을 합니다. 이처럼 개인이나 집단에서 사용할 수 있는 것이 카드BS법의 장점입니다.

카드BS법의 진행 방법

반드시 발산기법의 다섯 가지 규칙을 지켜서 실시합니다.

① 주제를 확인하고 A3용지를 책상 위에 둔다
② 전원이 카드와 A4용지를 가지고 자리에 앉는다

카드BS법의 진행 방법

Key Words

포스트잇
미국의 3M사가 개발한 카드. 문제해결에서 사실이나 아이디어를 기입하고 정리하는 데 편리하다. 크기나 형태, 색상이 다양하므로 기입하는 내용별로 나누어서 사용할 수 있다. (※ 포스트잇은 3M사의 상표)

발상기법의 다섯 가지 규칙
BS법의 ①비판엄금, ②자유분방, ③질보다 양, ④종합개선 이라고 하는 네 가지 기본 규칙에 ⑤광각(廣角)발상을 더해서 '발산기법의 다섯 가지 규칙' 이라고 명명했다. 발산 기법을 할 때 반드시 지켜야 할 규칙으로써 활용했으면 한다.

책상 주위에 여섯 명 정도가 앉습니다. 각자에게 카드 50장과 A4용지 한 장을 나누어줍니다. 리더는 시간을 재고 진행자 역할을 맡으며 구성원도 겸합니다.

③ 카드BS법을 실시한다

A. 개인 발상 시간 – 처음 5분간

각자 입을 다물고 카드 한 장에 아이디어 하나를 기입하고 아이디어를 기입한 카드를 A4용지에 붙입니다.

B. 순서대로 발표하는 시간 (추가 카드를 기입)

먼저 한 사람이 카드 한 장을 읽고 난 후 책상 가운데 놓인 A3용지에 붙입니다. 다음에 카드를 읽은 사람의 왼쪽에 있는 사람이 또 다른 카드를 한 장 읽고 책상 가운데에 놓습니다. 다른 구성원들은 발표를 듣고 질문을 해서 힌트를 얻고 추가 아이디어를 카드에 적습니다. 자신이 적은 아이디어를 다른 사람이 말하면 그 카드는 버립니다.

C. 다시 개인 발상 시간 – 5분간

아이디어가 없어서 발표를 하지 않는 사람이 두 명 이상 나오면 다시 개인 발상 시간으로 돌아가서 5분간 발상하고 카드에 내용을 적습니다.

D. 다시 순서대로 발표하는 시간

다시 발상을 한 다음에 순서대로 발표를 하고 A3용지에 카드를 붙입니다.

E. 이하 반복

F. 끝났는데도 카드가 남아있는 사람은 그 카드를 모두 읽고 제출합니다.

④ 카드 평가와 정리를 하다

아이디어를 평가하고 압축기법으로 정리를 합니다.

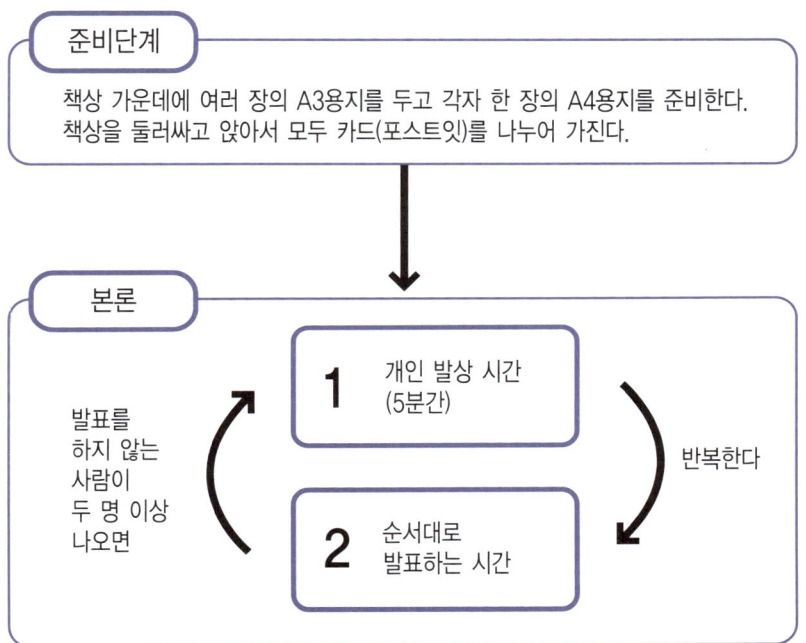

Hints on Business

카드BS법을 능숙하게 실시하기 위한 힌트

카드BS법에서는 발상시간과 발표시간을 반복합니다. 여기에서 발상시간은 침묵을 하며 각자 생각하는 시간이고 발표시간은 발언을 하는 집단 사고입니다. 이처럼 이 두 가지는 서로 극과 극으로 상반됩니다.

또한 타이머는 시간 관리를 위해서 빠져선 안됩니다. 리더는 발상시간과 발표시간을 부드럽게 전환할 수 있도록 합시다. 발상시간에는 생각한 아이디어를 문장으로 만들어서 카드에 기입합니다. 발표시간에 주의해야 할 점은 적힌 내용을 정확하게 읽고 제출하는 것입니다.

다른 구성원들은 그 발표를 듣고 새로운 발상을 얻기 때문에 만약에 구성원들의 아이디어가 바닥나면 리더는 적절한 힌트를 내서 새로운 발상을 하도록 유도하도록 합니다.

제3장 문제해결의 발상은 자유연상법부터

17 자기주장이 뚜렷하지 않은 사람들을 위한 카드BW법
침묵의 발상법으로 참가자의 아이디어를 도출하라

'브레인라이팅법'(BW법)은 독일의 Holiger가 개발한 방법입니다.

BW법의 진행방법

① **주제는 자유지만 구체적이고 명확하게 정한다**

② **구성원은 몇 명이라도 상관없지만 최소한 6명이 기본이다**

③ **매 5분마다 세 개의 아이디어를 기입한다**

각 구성원에게 옆의 그림과 같은 A4의 BW법 용지를 나누어줍니다. 먼저 처음 5분간은 Ⅰ의 옆에 A, B, C 3개의 빈칸에 아이디어를 적습니다. 5분이 지나면 왼쪽 사람에게 종이를 건네줍니다. 제Ⅱ단계에서는 이전사람의 아이디어를 발전시키는 것이 중요합니다. 즉, Ⅱ의 A난에는 Ⅰ의 A난보다 발전된 아이디어 혹은 독자적인 아이디어를 적습니다. 또 5분이 경과하면 오른쪽 사람의 용지를 받아서 Ⅲ난에 아이디어를 적습니다.

④ **책상 주위에 앉는다**

용지를 옆 사람에게 쉽게 건넬 수 있도록 책상 주위에 앉습니다.

⑤ **시간은 30분이 1라운드가 된다**

BW법 용지 　　　　　　BW법의 진행도

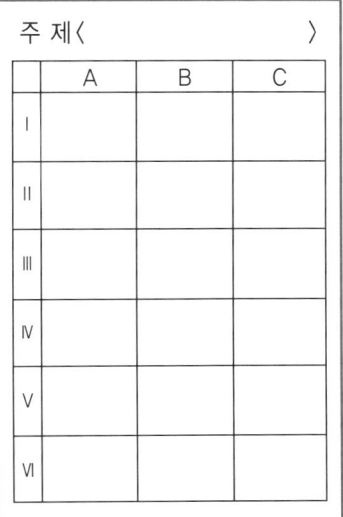

Key Words

브레인라이팅법(BW법)
각 구성원은 종이에 아이디어를 적고 나서 다른 구성원에게 돌린다. 다른 구성원에게서 받은 종이에 기입을 하고 또 종이를 받아서 기입하는 집단 발상법이다. 개인과 집단의 장점을 살리기 위해서 개발된 발산기법이고 저자는 '침묵의 브레인스토밍'이라고 명명했다.

홀리거(Holiger)
독일의 형태 분석 전문가. 브레인스토밍은 발언을 하는 사람에게 너무 편중되는 경향이 있어서 모두 골고루 발언할 수 있는 집단발상법으로 1968년에 '브레인라이팅법'을 개발했다. 말없이 진행하는 집단 발상법이며 독특한 기법이라고 할 수 있다.

5분씩 여섯 번 즉, 30분에 1라운드가 원칙입니다. 6명이 여섯 차례 발상을 통해 총 108개의 아이디어가 30분마다 나옵니다.

⑥ 최종적으로 평가 후 정리 한다

BW법에서는 모든 섹션이 끝나면 각자 종이에 적은 내용을 평가하고 그 중에서 좋은 아이디어를 각자 3개 정도를 제출합니다. 또 전원이 제출한 아이디어의 평가도 자주 실시합니다.

카드BW법의 진행방법

카드를 사용해서 BW법의 뒤처리를 편하게 하기 위해서 개발한 것이 카드BW법입니다. 그림에서 보듯 A4용지에 포스트잇(2.5cm×7.5cm)를 가로로 3장, 세로로 6장을 붙인 종이를 준비합니다.

진행 방법은 BW법과 같습니다. 하지만 아이디어가 카드에 적혀있기 때문에 나중에 정리하는 데 편리합니다.

또 다음 그림처럼 각 카드 위에 주제에 관한 키워드를 기입하고 범위를 좁혀서 아이디어 발상을 하는 방법도 있습니다.

BW법과 카드BW법은 침묵을 지키면서 천천히 생각할 수가 있고 다른 사람의 아이디어에 자극을 받아서 발상할 수도 있습니다. 자기주장이 뚜렷하지 않고 체면을 중시하는 사람들에게 적합하고 편리한 기법입니다.

카드BW법의 기입 예

주제 〈새로운 에어 돔 구장의 이름 명명〉		
뉴 돔	와이드 스페이스	빅볼
스카이시티	죠이프레스	수퍼타운
빅월드	스카이스페이스	하프에그
월드스카이	스페이스타운	에그돔
동경돔	스페시엄	에그하우스
돔돔	스페이어	빅에그

키워드를 사용한 카드BW의 예

주제 〈패밀리 레스토랑의 고객 확보 작전〉		
건물, 시설	식사 메뉴	광고, 선전
주차장이 넓다	시골의 어머니가 만들어 주신 맛을 재현	역 앞에서 할인권을 배부
천장에서 밤하늘의 별이 보인다	뷔페 스타일로 먹을 수 있다	잡지에 소개될 수 있도록 노력한다
휠체어를 타도 편하다	눈앞에서 요리사가 요리를 해준다	큰 풍선을 지붕에 설치한다
호화스런 식탁과 의자	200종류 이상의 메뉴가 있다	주차장과 건물을 빨간색으로 칠한다

Hints on Business

카드BW법의 발상시간을 궁리한다

대개 BW법에서 한 번의 발상 시간은 5분입니다. 물론 이 시간은 주제나 구성원의 능력 혹은 숙련도에 따라서 변경해도 상관없습니다. 저희 회사에서는 상품 개발의 과제에서는 3분, 이름을 짓는 네이밍은 2분 정도로 하고 있습니다.

또한 발상 시간의 후반은 다른 구성원의 아이디어를 파악하는 데 시간이 걸리기 때문에 연장하는 것이 일반적입니다. 그러나 구성원들이 발상에 익숙해지면 시간을 정하지 말고 '다 쓴 사람은 옆 사람에게 건네 줘도 좋아요' 등의 방식도 자주 사용합니다.

이것을 pressure방식이라고 하는데 이 방식을 사용하면 모두가 최선을 다해서 발상을 하게 됩니다. 모든 사항은 리더가 잘 판단해서 발상시간을 정하도록 합시다.

제3장 문제해결의 발상은 자유연상법부터

18 BS법에서 개선과 개혁을 목표로 하는 결점, 희망점 열거법
해결의 실마리는 이것으로 찾아라!

'결점 열거법'은 먼저 결점을 분석하고 그 후에 각 결점마다 구체적인 아이디어를 내는 방식입니다. 이 기법은 미국의 GE의 자회사인 Hot Point 사에서 고안했습니다.

한편 '희망점 열거법'은 문제나 사물에 대해서 생각하고 있는 소망이나 꿈을 찾아내서 나중에 이를 구체화하기 위한 아이디어를 생각하는 방법입니다.

두 가지 기법 모두 '결점이나 희망점을 내는 BS'와 '이를 구체화하는 BS', 두 차례에 걸쳐 회의를 합니다. 그래서 이 방법을 2 회의법이라고 합니다.

결점 열거법의 진행 방법

위의 두 가지 기법의 진행 방법은 거의 동일하기 때문에 결점 열거법의 단계로 설명을 하겠습니다.

① 주제를 제시한다
② 결점 열거 BS – 제1회의 (결점을 말한다)
③ 중점 평가 – 주요 결점을 몇 개 선별해 낸다
④ 개선 BS – 제2회의 (결점의 개선책을 낸다)

결점 열거법의 진행방법

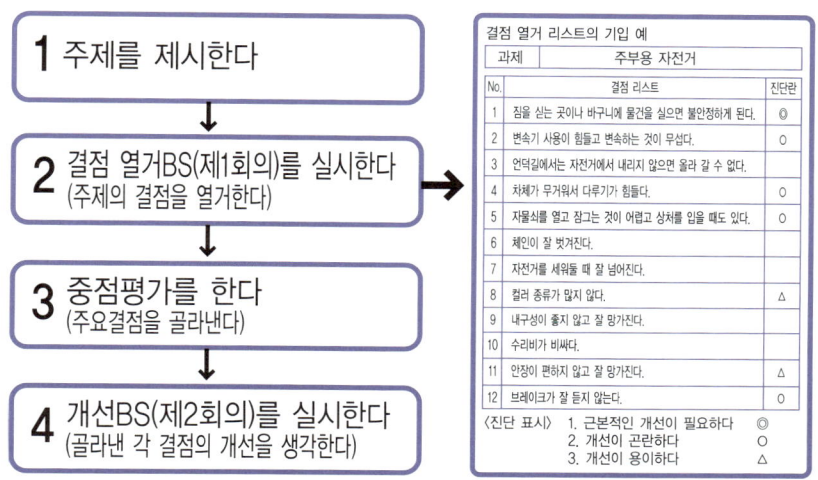

Key Words

현재형 접근법

먼저 현재 상태를 분석하고 다음 분석에서 명확하게 된 사실 중에서 문제점을 찾아 문제 해결에 임하는 일반적인 문제해결 접근법. 현재 상태에서 시작하기 때문에 직장에서 현재 상태의 개선이나 점진적인 개량에 적합한 문제 해결의 대처 순서이다.

이상형 접근법

현재 상태를 분석하기 전에 문제가 해결 된 이상적인 상태를 먼저 설정하고 그 후에 현재 상태를 분석해서 이상과의 차이(gap)를 파악하고 나서 문제 해결을 하는 문제 해결 접근법. 이상적인 상태에서 시작하기 때문에 큰 개혁을 이루고자 할 때 적합하다.

희망점 열거법은 상기의 '결점'을 '희망점'으로 바꾸는 것을 제외하면 단계는 같습니다.

예 〈만년필의 결점〉

① 잉크가 똑똑 떨어진다. ② 사용할 때 뚜껑을 열어야 한다.

③ 잉크를 교환해야 한다. ④ 주머니 속에 넣을 때 거추장스럽다.

⑤ 색상이 한 가지밖에 없다.

이처럼 결점 열거BS를 실시합니다. 그리고 다음은 중점 평가를 합니다. 결점을 기능, 소재, 성질 등의 특성으로 나누고 중요한 결점을 정해서 중요한 결점마다 개선BS를 실시하는 것입니다.

예를 들어 잉크가 떨어지는 것에 대한 결점은 '볼펜'으로 하고 불편한 뚜껑은 'capless'로 그리고 잉크 교환은 'spare식' 등으로 해결을 하면 됩니다.

두 가지 기법은 BS법의 개량 기법이다

두 가지 기법 모두 BS법의 개량 기법으로서 등장했습니다. 원래 이 두 가지 기법 모두 물건을 개량하는 기법으로서 등장을 했습니다만 하드웨어적인 문제만이 아니고 소프트웨어적인 문제에도 사용할 수 있습니다.

결점 열거법은 문제 해결 단계 중에서 현재형 접근법의 전형적인 기법입니다. 한편 희망점 열거법은 이상형 접근법의 기법입니다. 따라서 결점 열거법은 개선형으로 희망점 열거법은 개혁형이라고 할 수 있습니다.

이 두 가지 기법 모두 아주 친근한 것이고 누구라도 쉽게 접근할 수 있으므로 신입사원의 훈련 등에도 바로 이용할 수 있습니다.

희망점 열거법의 진행방법

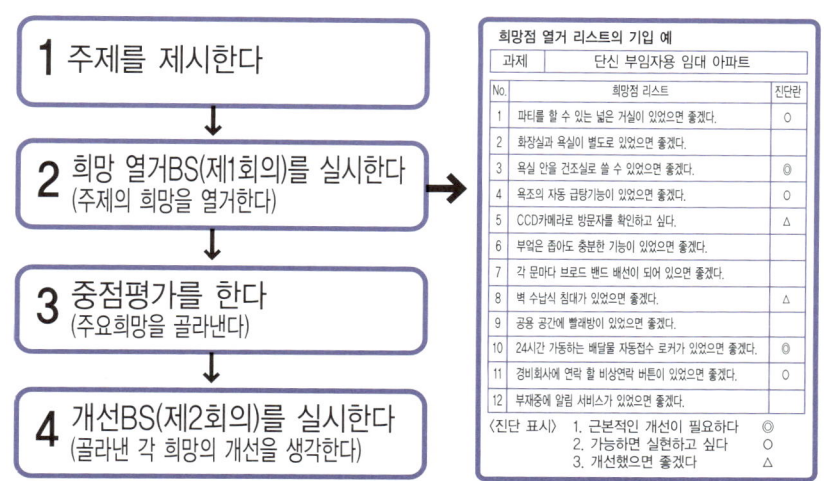

Hints on Business

희망점 열거법을 다시 검토해 보자

'어떤 사람의 장점을 이야기해 주세요'라는 말을 들어도 좀처럼 잘 생각이 안 날 때가 있습니다. 그런데 '그 사람의 단점을 지적해 주세요'라는 말에는 얼마든지 대답을 할 수 있습니다.

이처럼 보통 사람들은 장점을 말하기 보다는 단점에 대해서 말하는 것이 쉽습니다. 그러나 결점을 열거해서 개선책은 나왔다고 하더라도 혁신책은 좀처럼 잘 떠오르지 않습니다. 반대로 희망점 열거법은 글자 그대로 앞으로 이렇게 했으면 좋겠다고 하는 이상을 발상하는 것입니다. 따라서 혁신적인 대책을 창안해 낼 수 있는 가능성이 큽니다.

강제연상법으로 아이디어의 범위를 좁힌다

제4장

제4장 강제연상법으로 아이디어의 범위를 좁힌다

19

상세하게 특성을 생각해서 다양한 아이디어를 낳는
속성(屬性) 열거법

상세한 분류, 분석으로 제품의 개량, 개선에 도움이 되도록 하자

'속성 열거법'은 미국의 네브라스카 대학의 로버트 크로포드 교수가 제창한 강제 연상법의 한 종류입니다. 물건이나 대상물의 속성(특성)을 걸러내서 발상을 얻는 방법으로 '문제를 세세하게 나누면 나눌수록 아이디어가 더 잘 나온다'는 생각을 기초로 하고 있습니다.

BS법에서도 때로는 문제를 상세하게 나누어서 생각할 때에도 효과적입니다. 예를 들어 '전자계산기'의 아이디어를 생각할 때에도 재료, 제법, 표시부분, 색상, 무게 등으로 될 수 있으면 상세한 특성으로 나누어서 각각의 아이디어를 생각합니다. 다른 말로 표현하면 발상 체크 리스트를 만드는 방법이라고 할 수도 있습니다.

속성(屬性) 열거법의 진행방법

예를 들어 '스테이플러'를 생각해 봅시다.

① 주제 '스테이플러의 개량'
② 스테이플러의 특성을 BS법으로 낸다
③ 특성을 정리한다

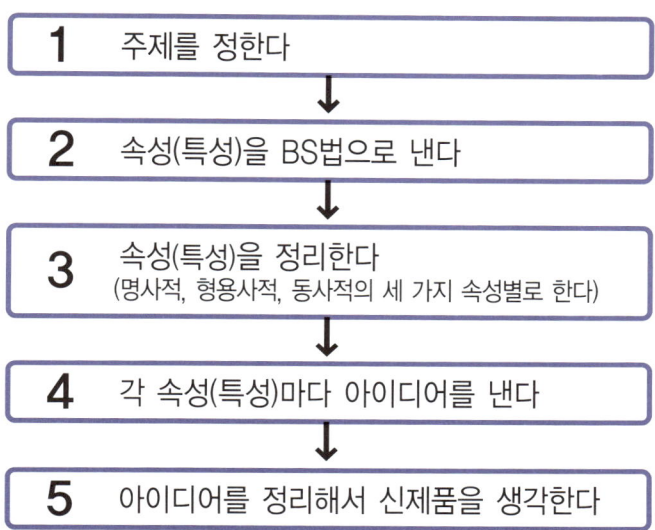

Key Words

로버트 크로포드(Crawford, Robert P.)
경영학과 재정학의 전문가. 미국의 농림부을 거쳐 네브라스카 대학의 명예교수를 지냈다.

value engineering(가치분석)
관측할 수 없는 대상물의 가치평가나 개선법. 정보수집→기능의 정의→기능 코스트 분석→기능분석→개선책 발상→개선책 코스트 분석→기능 평가, 확인의 진행으로 실시한다.

SAMM법
Sequence – Attribute – Modification – Matrix의 약자. 횡렬의 체크 리스트와 종렬의 속성으로 체크를 하고 강제적으로 관련을 지어서 힌트를 얻은 다음 아이디어를 발상한다.

산노우(産能)대학의 창시자인 우에노 요우이치(上野陽一) 씨는 일본에 처음으로 창조성 개발을 도입한 사람으로 특성을 다음의 세 종류로 나누어서 설명을 하고 있습니다.

1) 명사적 특성 - 전체, 부분, 재료, 제법

2) 형용사적 특성 - 성질, 상태 (형태, 색상 등)

3) 동사적 특성 - 기능(그 자체의 작용)

상기의 것으로 스테이플러를 성능별로 분류를 합니다.

④ 각 특성마다 아이디어를 낸다

각각의 특성을 발전시키는 아이디어나 다른 기능을 추가하거나 더 좋은 스테이플러를 고안합니다.

⑤ 아이디어를 정리해서 신제품을 생각한다

이런 방법을 통해서 생각해 낸 신제품에는 스테이플러에 구멍 뚫기 기능을 추가한 것, 두꺼운 종이 박스에도 사용할 수 있는 강력한 스테이플러, 철심을 뒤쪽에서 넣어서 자석으로 앞쪽에서 고정할 수 있는 초미니 스테이플러 등이 있습니다.

진화, 발전하는 속성 열거법

속성 열거법은 제품의 개선, 개량의 기술적 문제를 해결하기 위해서 고안되었습니다. 지금은 속성 열거법을 발전시킨 형태의 value engineering (가치분석) 중에서 기능분석이 있습니다. 또 SAMM법은 속성 열거법과 오즈번의 체크 리스트법을 매트릭스로 조합한 수법으로서 알려져 있습니다. 기능 분석도 SAMM법도 제품 개발을 위해서 널리 사용되고 있습니다.

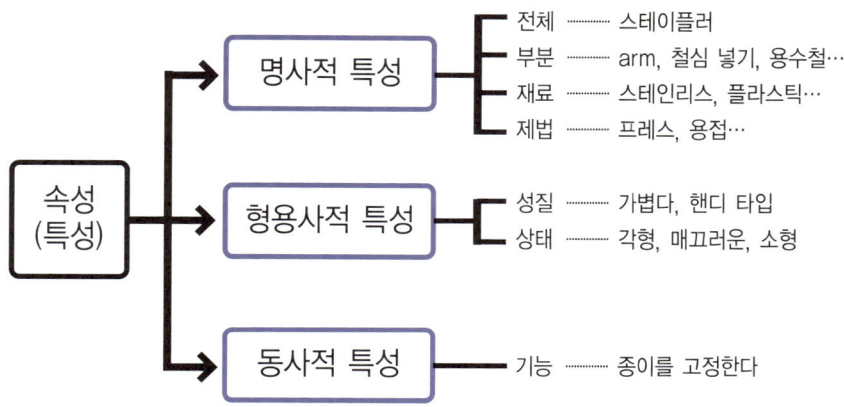

우에노 요우이치(上野陽一)의 세 가지 특성과 구체적인 예(스테이플러)

> **Hints on Business**

속성 열거법과 결점 열거법 그리고 희망점 열거법을 조합하는 요령

속성 열거법은 그 이름대로 문제 자체를 자세하게 분해해서 부분별로 발상하는 방법입니다. 이 속성 열거법과 결점 열거법을 조합하면 어떨까요? 먼저 속성을 말하고 다음에 각 속성별로 결점을 말합니다. 그리고 그 결점을 없애는 아이디어를 발상합니다.

이렇게 하면 보다 자세한 결점을 찾을 수가 있어서 구체적인 아이디어가 잘 떠오릅니다. 한편, 속성 열거법과 희망점 열거법을 조합하는 방법도 결점 열거법과 조합하는 방법과 같다고 생각하시면 됩니다.

이처럼 속성마다 상세하게 발상하는 속성 열거법에 결점이나 희망이라고 하는 방향성을 조합하면 더욱 발전된 발상이 가능합니다.

제4장 강제연상법으로 아이디어의 범위를 좁힌다

20
적극적인 활용으로 문제 해결의 새로운 시점을 찾아내는 체크 리스트법

수하물을 확인하는 요령으로 자기 스스로의 사고를 체크

 체크 리스트 라고 하는 것은 어떤 것을 생각할 때 빠짐이 없도록 하나씩 체크를 위한 일람표를 가리킵니다. 따라서 '체크 리스트 법' 이라는 특별한 기법이 있는 것은 아니지만 목표 설정의 발상을 할 때 도움이 됩니다.

새로운 발상의 발견에 체크 리스트를 사용하자

 이 세상에는 여러 가지 체크 리스트가 있습니다. 한 예로 해외여행을 할 때의 준비물 체크 등이 대표적입니다. 출발하기 전에 시계는 챙겼는지 지갑 그리고 정기 패스권 등도 챙겼는지 생각을 할 때도 머릿속에서 체크 리스트를 사용하고 있는 것입니다.

 일반적으로 체크 리스트는 실수를 하지 않기 위한 소극적, 수동적인 것이라고 할 수 있습니다. 하지만 문제 해결을 위해서 새로운 시점을 찾는 적극적, 능동적인 리스트도 있습니다. 여기에서 말하는 체크 리스트법이라고 하는 것은 새로운 발상을 찾아내기 위해서 사용되는 방법을 가리킵니다.

 발상을 위한 체크 리스트는 최종적으로는 자신에게 가장 잘 맞는 리스트

오즈번의 발상, 9개 체크 리스트의 예

체크 리스트	내 용	성냥의 예
1 용도 변경	그대로의 상태에서 새로운 용도는 없을까? 개조해서 다른 방법으로 사용 할 수는 없을까?	성냥으로 작은 집을 만든다
2 응용	무언가 닮은 것은 없을까?(과거에도?) 어떤 흉내는 없을까?	성냥 세우기→원통형 성냥
3 변경	의미, 색, 움직임, 소리, 냄새, 양식, 형태를 변화 시킨다.	사각→둥근, 삼각형 성냥
4 확대	추가, 시간, 빈도, 강도, 높이, 길이, 가치, 재료, 복제, 과장	점보 성냥
5 축소	줄인다, 작게, 농축, 낮게, 짧게, 가볍게, 생략, 분할, 내륜	미니 성냥

Key Words

오즈번의 체크 리스트

실수를 범하지 않기 위한 소극적인 체크 리스트가 아닌 문제 해결을 위한 새로운 시점을 찾는 적극적인 체크 리스트의 한 종류. 오즈번이 크리스마스카드용으로 고안한 것이기 때문에 '오즈번의 9개 체크 리스트'라고도 한다.

강제 연상법

'주제에 대해서 생각해야 마땅한 방향을 제시해서 생각을 떠오르게 하는 방법'이 '강제 연상법'이다. 정해진 방향의 연상하는 범위를 강제적으로 제한해서 사고를 집중시키면 더욱 구체적인 발상을 할 수 있음을 이용한 수법이다.

를 작성해야 합니다. 이를 위해서는 자신이 발상할 때 사용하는 사고방식을 모두 들추어내고 다른 사람의 사고방식도 살려서 자신의 사고(思考) 체크 리스트를 작성하는 것이 중요합니다.

상품개발에 도움이 되는 체크 리스트

발상의 체크 리스트에서 가장 유명하고 많이 이용되고 있는 것이 BS법의 고안자인 오즈번의 체크 리스트입니다. 원래는 좀 길었었는데 크리스마스카드용으로 짧아져서 체크리스트가 9개가 되었습니다.

① 다른 것으로 용도 변경은? ② 다른 응용은? ③ 변경하면?
④ 확대하면? ⑤ 축소하면? ⑥ 대용하면?
⑦ 재배열이라면? ⑧ 역전하면? ⑨ 결합하면?

오즈번의 체크 리스트나 속성 열거법은 물품의 발상을 하는 데 적합합니다. 한편 가벼운 기획에 적합한 것도 있습니다. '체크 리스트 법'은 많이 있지만 사용을 할 때는 그 리스트가 어떤 용도에 특히 적합한지를 잘 생각할 필요가 있습니다.

그러나 꼭 자기만의 독자적인 발상 리스트를 만들어 봅시다.

발상 체크 리스트는 그 체크 리스트에 주제를 강제적으로 관련시켜 발상을 하기 때문에 강제연상법의 한 가지 기법이 됩니다.

오즈번의 발상, 9개 체크 리스트의 예

체크 리스트	내용	성냥의 예
6 대용	사람을, 물건을, 재료를, 소재를, 만드는 방법을, 동력을, 장소를	나무→종이 성냥
7 재배열	요소를, 형태를, 레이아웃을, 순서를, 인과를, 페이스를	성냥갑의 라벨을 수집
8 역전	반전, 전후전(前後轉), 좌우전(左右轉), 역할전환, 상하를 바꾼다.	초호화 성냥
9 종합	브랜드, 합금, 유닛을, 목적을, 아이디어를	점치는 성냥

Hints on Business

오즈번의 체크 리스트를 마케팅 수법의 개발에 사용하면?

저의 감수로 최근의 시장을 분석해서 정리한 책에 『마케팅, 트랜스퍼 - 8법칙』(요미우리 광고사, 하이 라이프 연구소 저, 선전회의주간지)이 있습니다.

옛날 만화 영화의 리바이벌, 트로트가 젊은 사람들 사이에서 인기, 여성용 상품을 남성용으로 파는 등 요즘은 트랜스퍼(전환) 현상이 많이 발생하고 있습니다. 저는 이 트랜스퍼 현상을 분류하려고 생각했고 그때 힌트로 한 것이 오즈번의 체크 리스트입니다. 그리고 생각해낸 8개의 트랜스퍼를 '변환, 성환, 공유, 복층, 재생, 전생, 전지, 전역'의 8개의 키워드로 정리를 했습니다. 발상 체크 리스트를 기억해 두면 이런 좋은 점도 있습니다.

제4장 강제연상법으로 아이디어의 범위를 좁힌다

21

너무 광범위한 주제의 방향성을 좁히는 매트릭스법

발상의 범위를 좁혀서 아이디어를 구체화하라

발상의 변수를 좁히기 위한 '매트릭스법'은 변수 2개를 조합한 기법입니다. 가로와 세로에 2개의 변수를 정하고 변수마다 요소를 걸러냅니다. 그리고 골라낸 변수들의 조합을 사용해서 현재 상태를 분석하거나 해결의 아이디어를 생각합니다.

만약, 주제가 너무 광범위하다면 매트릭스법을 사용하여 범위를 좁혀서 방향성을 찾습니다.

매트릭스법의 진행방법

진행 방법은 다음과 같습니다.

① 구체적인 주제를 정한다
② 주제의 변수를 걸러낸다
③ 변수를 2개로 줄여서 표의 머리 부분과 측면에 기입한다
④ 변수마다 여러 개의 요소를 걸러낸다
⑤ 각 변수마다 요소의 범위를 좁혀서 매트릭스 그림의 표 머리 부분과 측면에 기입한다
⑥ 중요하다고 생각되는 블록을 고른다

매트릭스 법의 진행 방법

1. 구체적인 주제를 정한다
2. 주제의 변수를 걸러낸다
   ① 대상 ② 장면 ③ 기능, 용도
   ④ 심리 ⑤ 형태 기타
3. 변수 2개를 골라서 표에 기입한다
4. 변수마다 여러 개의 요소를 도출한다
5. 요소를 골라서 표를 작성한다
6. 중요한 블록을 고른다
7. 블록마다 아이디어를 적는다

Key Words

변수
과제를 어떤 시점에서 볼 것인가? 등의 각종 변수를 가리킨다. 상품 개발이라면 상품을 대상, 기능 등의 변수로 나누어서 발상 범위를 좁히고 구체적인 발상을 한다.

요소
각 변수를 자세하게 나눈 것. 변수가 비즈니스맨이 대상이라면 임원, 매니저, 직장 여성, 젊은 샐러리맨 등이 된다.

블록
매트릭스 그림에서 표의 머리 부분과 측면의 서로 교차하는 각 부분을 가리킨다. 표의 머리 부분과 표의 측면이 각각 5개씩이라면 블록은 25개가 된다.

⑦ 선택한 블록마다 아이디어를 발상한다

매트릭스법의 구체적인 예

　예를 들어 비즈니스 가방을 생각할 경우 먼저 변수를 생각합니다. 변수에는 대상, 상품기능, 재질, 용도 등 여러 가지를 생각할 수 있습니다.

　옆 그림의 예에서는 한쪽의 변수를 '대상'으로 해서 표의 측면에 그리고 '용도'를 표의 머리 부분에 기입을 합니다. 그리고 각각의 요소를 기입해서 매트릭스 그림을 만들었습니다.

　아이디어 발상을 하는 경우에 모든 블록에 대해서 발상을 하는 경우도 있고 한 블록에 목표를 설정해서 철저하게 발상을 하는 경우도 있습니다.

　예를 들어, 직장 여성용의 가방을 목표로 해서 '직장 여성 × 통근용'의 블록(II-C)에 대해서 발상을 합니다. 이처럼 범위를 좁혀서 발상을 하면 방향성을 잘 알 수 있고 특히 팀에서 실시할 경우에는 전원이 과제를 명확하게 의식을 하고 발상을 할 수가 있습니다.

　저희 연구소에서는 시장의 새로운 동향 분석이나 기존 상품에 대한 현재 상태의 맵(map)만들기 혹은 신상품의 기획 등에 자주 매트릭스법을 사용합니다.

　매트릭스법의 포인트는 좋은 변수를 고르는 것입니다. 예를 들어 대상이 '여성'이라면 너무 광범위하기 때문에 '젊은 여성'이라고 구체적으로 범위를 좁혀야 합니다. 또 요소도 구체적으로 범위를 좁히는 편이 더 구체적인 아이디어가 나오기 쉽습니다.

매트릭스법의 예

대상 \ 용도	I 서류 넣기	II 통근용	III 단기출장용 (2~3일)	IV 장기출장용 (일주일 이상)	V 해외여행용
A 임원(사장)					
B 매니저					
C 직장 여성		주제			
D 젊은 샐러리맨					
E 젊은 사무직 여성					

블록

'비즈니스 가방'의 주제에서 '용도', '대상'이라고 하는 변수를 추출. 각 변수에서 '통근용', '직장 여성'의 두 요소로 범위를 좁혀서 '직장 여성 통근용 가방'의 아이디어 발상을 하는 예.

Hints on Business

매트릭스법은 문제 파악과 문제 해결에도 사용할 수 있다

위의 사례는 매트릭스법을 비즈니스 가방의 아이디어 발상에 사용한 예입니다. 다시 말해서 문제 해결 장면에서 사용한 예입니다. 그러나 매트릭스법은 문제 파악의 장면에서도 사용할 수 있습니다.

예를 들어 비즈니스 가방의 예로 생각해 봅시다. 위의 매트릭스 표를 사용해서 이 표의 각각의 블록마다 현재 상태는 어떻게 되어있는지 여러 가지 사실을 걸러서 정리하면 좋습니다. 통근용, 직장 여성용 블록이라면 'B4 크기의 서류가 들어가는 통근용의 가방이 많지 않다', '통근용의 튼튼한 숄더백이 부족', '통근용 멋진 가방이 없다' 등의 데이터를 적어 보면 문제 파악에도 사용할 수 있습니다.

사고의 폭을 넓히는
비교 발상법

제5장

제5장 사고의 폭을 넓히는 비교 발상법

22 비교의 범위를 넓게 생각해서 발상을 하는 Synectics
때로는 자신이 대상물이 되어서 발상을 하자

'Synectics' 는 미국의 think tank회사인 Arthur D little 사에서 신제품 개발의 프로세스를 연구 하고 있던 월리엄 고든이 개발을 했습니다. 일본의 등가 교환법이나 NM법과 같이 대표적인 비교발상법입니다.

Synectics의 진행 방법

① 문제 제시 ② 전문가에 의한 분석과 해설

③ 해결 시안의 발상 ④ 해결 목표의 설정

⑤ 비교 발상의 요구 ⑥ 비교 발상(직접적, 의인적, 상징적)

⑦ 비교의 선택 ⑧ 비교의 검토

⑨ 강제 적합 ⑩ 해결책 작성

폭넓게 발상해서 구체화한다.

'자동차의 Jack 개발' 의 예로 설명을 하겠습니다. 먼저 문제를 제시받고 그 문제의 전문가가 현재 상태를 설명합니다.

다음의 '해결 시안의 발상' 에서 구성원들은 생각나는 대로 아이디어를 냅니다. '해결 목표의 설정' 에서는 해결해야 할 포인트를 목표의 형태로

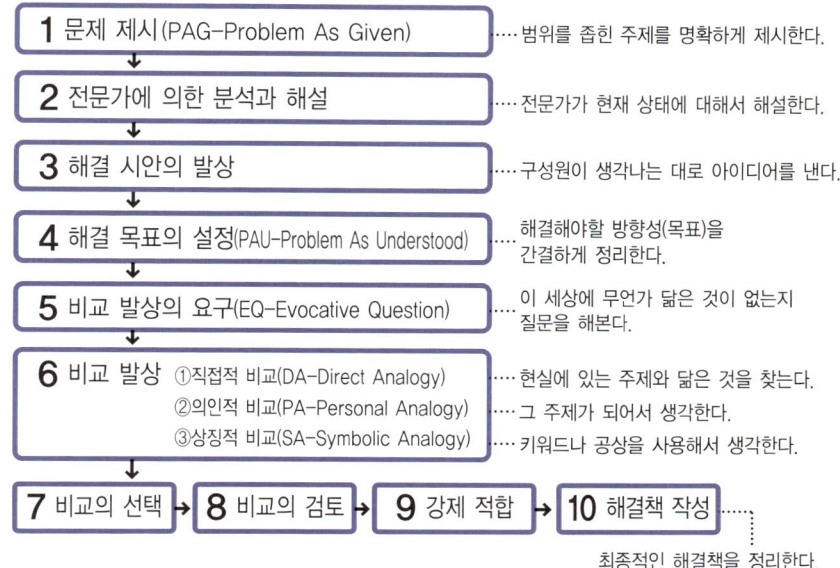

Key Words

synectics
비교 발상법의 대표적 기법. synectics는 고든이 만들어 낸 단어이다. 다시 말해서 Sy는 Singledptj 따온 말로 하나하나를 가리키고 nec는 Conect로 결합이라는 말에서 따온 말이다. 그리고 tics는 Cybanetics과 같이 학문을 나타내는 말의 합성어이다. 즉, 개별의 것을 결합하는 학문을 의미하는 조어(造語)이다.

등가 교환법(等價 交換法)
이것은 일본의 대표적인 비교발상법이다. 1941년에 도시샤(同志社) 대학의 이치카와 교수가 개발했다. 등가 교환이라고 하는 것은 주제와 대상물의 본질을 찾아서 거기에 비교해야 할 등가적인 것을 발탁해서 발상을 하는 방법이다.

적어 냅니다. '자동차의 Jack이라면 4톤의 무게를 지지하고 4평방 인치 이하의 상자에 수납이 가능하며 3피트(약 91.4cm)까지 늘어난다'고 하는 목표를 명확하게 설정합니다. 리더는 계속해서 '비교 발상'을 주문합니다.

synectics에서는 비교 발상에 직접적, 의인적, 상징적의 세 가지 비교를 사용합니다. '직접적 비교'라고 하는 것은 전 세계에서 힌트의 예를 찾는 것을 말합니다. 예를 들어 Jack이라면 '전차의 pantograph(역주: 전차, 전기 기관차의 집진장치)' 혹은 '풍선'이 예가 될 수 있습니다.

'의인적 비교'는 구성원이 주제 역할을 하고 다른 구성원이 주제 역할을 하는 구성원에게 이야기를 걸어서 서로 다른 관점을 찾아내는 방법입니다. 위의 예를 들면 Jack이 되어서 생각을 하는 것입니다. '상징적 비교'라고 하는 것은 문제의 핵심을 고도로 추상화해서 표현을 하여 힌트를 찾습니다. 예를 들어 'Jack'을 압축된 파워라고 표현을 하고 그 본질에 대해서 생각을 합니다.

이처럼 계속해서 비교를 발상하고 각 비교 중에서 문제 해결에 쓸 만한 것을 고릅니다. synectics는 미국에서는 제품 개발뿐만이 아니고 사회 개발에도 사용되고 있습니다.

synectics 연습의 예

1 해결 목표	휴대용, 300g 이내, 어른용				
2 비교발상	(a)DA (직접적 비교)	비교	도롱이 벌레 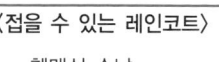위, 아래에서 꼭 누른다.	눈썹 머리에서부터 푹 뒤집어쓰는 방식	wet suit 몸에 딱 붙어서 비를 피한다.(고무계 소재)
		힌트			
	(b)PA (의인적 비교)	자신이 우비가 되어 보거나 지금 이상적인 우비를 입고 있다고 상상해서 발상한다.			
	(c)SA (상징적 비교)	상징	콤팩트		선녀의 옷
		힌트	주머니에 넣을 수 있는 크기		주름이 잡히지 않는 소재
3 해결책	〈접을 수 있는 레인코트〉 헬멧식 수납 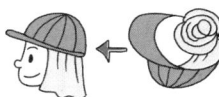 모자의 안 쪽에 코트 형태의 우비가 작게 수납을 할 수 있고 사용 할 때 꺼내서 쓴다.				

Hints on Business

synectics는 비교를 넓은 범위에서부터 발상 시키는 기법

synectics에서의 비교 발상은 '직접적', '의인적', '상징적'의 세 종류입니다. 비교라고 하면 일반적으로는 이 세 가지 중에서 '직접적'만을 생각하기 쉽습니다. 위의 '새로운 우비'의 예에서 생각해 봅시다.

직접적 비교의 '도롱이 벌레'라든가 '눈썹' 등은 금방 생각이 떠오릅니다. 그러나 synectics 에서는 자기가 대상이 되어보는 의인적 비교도 사용합니다. 이것은 문제 해결법으로서는 태도기법의 심리극 등에 가까운 방법입니다. 또한 상징적 비교로서 '콤팩트' 등 추상적인 말이나 '선녀의 옷'과 같은 공상의 존재 등에서 발상을 합니다. 이처럼 synectics는 비교의 범위를 넓게 생각해서 발상하는 것이 특징입니다.

제5장 사고의 폭을 넓히는 비교 발상법

23

추상적인 과제에서 닮은 예를 들어 최적 해결법을 찾는 고든법

고정 관념을 버리고 근본적인 아이디어를 추구하라

synectics의 창시자인 고든은 '고든법'도 고안했습니다. 이것은 진짜 과제를 명확하게 하지 않고 추상적인 주제에 대해서 생각함으로써 고정관념에서 벗어나 근본적인 아이디어를 추구하는 수법입니다. 진짜 과제는 리더만 알고 있습니다. 예를 들어 '새로운 주차장'의 아이디어를 생각할 때 구성원에게는 '저장한다'라고 하는 주제만을 주고 여러 가지 '저장 방법'을 자유 연상법으로 말하게 합니다. 리더는 광범위한 힌트가 나오도록 회의를 이끌고 나중에 나온 힌트와 진짜 과제를 서로 강제 연상법으로 연결시킵니다.

구성원이 낸 힌트가 진짜 과제와 본질적으로 닮은 예(비교)가 되면 최적 해결법을 도출할 수 있습니다.

고든법의 진행 방법

① 진짜 과제에서 고든법의 토론 과제를 발견한다

예를 들어 잔디깎기 기계라면 '나누다', 깡통 따개라면 '열다', 장난감이라면 '놀다' 등의 과제를 발견 합니다.

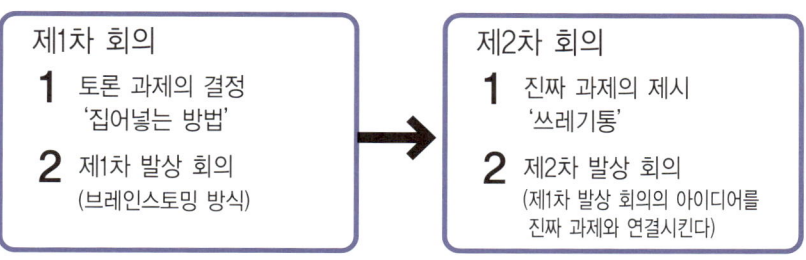

고든법의 과제 예

진짜 과제	고든법의 토론 과제
신형 병따개	열다
역의 쓰레기통	저장한다
자전거	옮긴다
새로운 칫솔	오물을 제거한다
잔디깎기 기계	나눈다

Key Words

비교(Analogy)
어떤 것을 다른 닮은 것에 예를 드는 것. 영어에서는 Analogy라고 한다. 발상을 할 때는 이 비교 사고가 자주 이용된다. 자동차 왕인 포드가 소를 부분별로 분담해서 해체하는 것을 보고 라인 작업인 포드 시스템을 생각해 낸 것 등이 대표적이다.

고든법의 과제
고든법에서는 구성원에게 진짜 과제를 알려 주지 않는다. 진짜 과제가 재떨이라면 '저장한다' 등이 고든법의 토론 과제이다. 이렇게 추상적인 문제이기 때문에 근본적인 아이디어가 나오기 쉽다. 따라서 리더의 역량으로 결과가 좌우되는 것이다.

② 고든 회의를 시작한다

(잔디깎기 기계의 예 : 우에노 이치로우(上野一郎)『경영의 지혜』에서)

a. 리더가 주제를 제시

(리더) '모든 나누는 방법(주제)을 생각해 주세요'라고 발상을 재촉한다.

b. 구성원이 연상 발상을 하고 리더는 응답을 한다.

(구성원) 전기 분해는 염수에서 소금을 분리.

(리더) 전기 화학 반응의 응용이군요.

(구성원) 원심력으로 액체에서 고체를 분리.

(리더) 빙빙 돌려서 분리를 하는군요.

※여기에서 '회전 드럼식의 착상'을 얻는다.

(구성원) 용접공은 가스로 금속을 나눈다.

(리더) 열로 나누는 것이군요.

※여기에서 '열선으로 잔디를 태워서 자른다'는 착상을 얻는다.

③ 회의 마지막에서 진짜 문제를 실토한다

회의에서 나온 힌트에서 진짜 과제를 해결하는 아이디어를 내고 실현화를 도모합니다.

고든법은 리더의 역량으로 결과가 좌우되거나 진짜 문제가 명백하게 되지 않기 때문에 욕구불만이 쌓이는 경우도 있습니다. 그래서 여러 가지 변형이 생겨났습니다.

고든법의 변형 예

① 구성원 절반에게 사전에 진짜 과제를 알린다

고든법으로 해결한 예(바구니 형태의 쓰레기통)

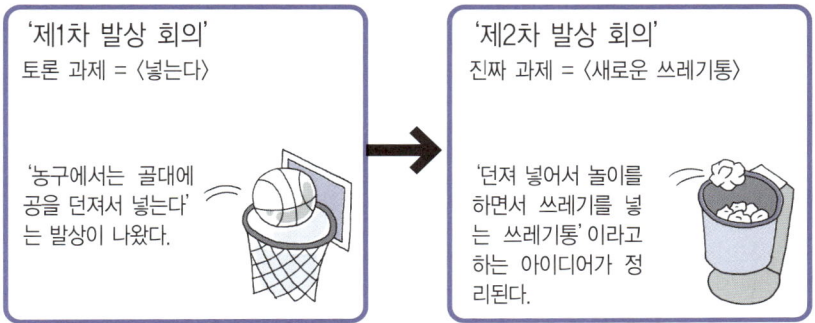

'제1차 발상 회의'
토론 과제 = 〈넣는다〉

'농구에서는 골대에 공을 던져서 넣는다'는 발상이 나왔다.

'제2차 발상 회의'
진짜 과제 = 〈새로운 쓰레기통〉

'던져 넣어서 놀이를 하면서 쓰레기를 넣는 쓰레기통'이라고 하는 아이디어가 정리된다.

② 회의를 테이프에 녹음을 하고 다음 회의에서 같은 멤버가 테이프를 들으면서 해결책을 생각한다

③ 고든법에서 발상하는 그룹과 그 힌트에서 해결을 생각하는 그룹을 나눈다

Hints on Business

고든법에서는 토론 과제의 결정이 포인트

고든법에는 진짜 과제와 토론 과제가 있습니다. 위의 예에서 진짜 과제는 '새로운 쓰레기통'이고 토론 과제는 '넣는다'입니다. 고든법에서는 이 '넣는다'를 토의 과제로 실시를 합니다.

만약 토론 과제가 적절하지 않으면 엉뚱한 결과가 나옵니다. 쓰레기통의 토론 과제를 생각해 보면 '넣는다'만이 아니고 '모으다', '수납하다', '담다', '감추다', '정리하다' 등 여러 가지를 생각할 수 있고 구성원의 반응도 다르겠지요.

리더는 쓰레기통의 발상에 가장 좋은 추상적 과제가 무엇인지 신중히 생각해야 합니다. 토론 과제는 하나가 아니고 해결의 힌트를 찾을 때까지 몇 개를 예를 들어도 됩니다.

제5장 사고의 폭을 넓히는 비교 발상법

24

일본에서 개발하고 상품개발에도 효과적인 독특한 NM법

키워드에서 발상을 부풀리자

'NM법'은 전 창조공학 연구소 소장인 나까야마씨(中山正和)가 고안한 비교 발상법입니다. NM법의 이름은 나까야마씨 이름(Nakayama)의 첫 글자에서 따온 것입니다.

기본적으로 NM법은 비교 발상법이고 독특한 해결책의 작성에 효과적입니다.

NM법의 진행 방법

NM법의 진행 방법은 대략 다음과 같습니다.

① 과제를 설정한다 ② 키워드를 정한다
③ 비교 대상을 찾는다 ④ 비교의 배경을 살핀다
⑤ 아이디어를 발상한다 ⑥ 해결안으로 정리한다

NM법의 예(사무실에서 사용하는 재떨이의 예)

'과제'는 될 수 있으면 구체적이고 가장 중요한 것으로 합니다. 여기에서는 담배를 싫어하는 사람이 많은 사무실에서 눈에 잘 띄지 않는 재떨이를 주제로 정합니다.

다음은 '키워드의 결정'입니다. 키워드는 과제의 본질을 잘 나타내는 것

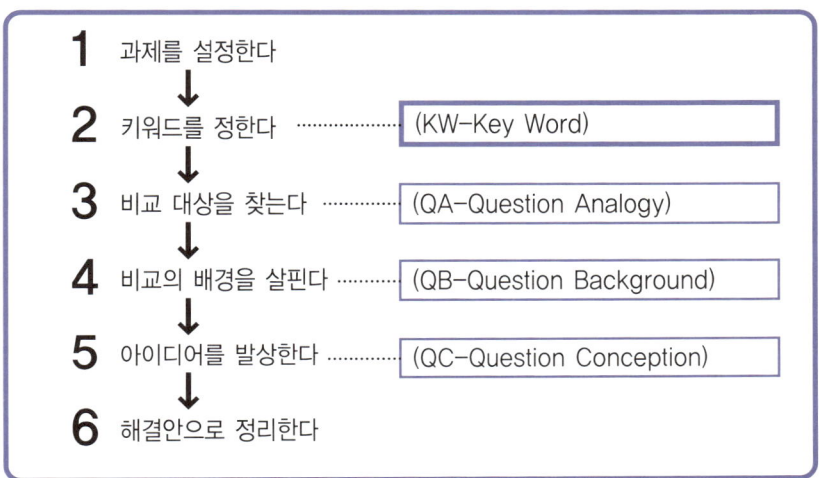

Key Words

나까야마 마사카즈(中山正和)
전 창조공학 연구소 소장. 물리학과 창조공학의 전문가. 'NM법'과 '공학선(工學禪)'의 개발자. NM법은 기법으로서보다는 사고법으로서 활용하는 것이 좋다는 것을 설명하고 있다.

키워드(Key Word)
NM법의 키워드는 반드시 과제의 본질을 나타내는 것이어야 한다. 발상을 할 때는 위의 참고 예에서는 한 가지만 나타내었지만 실제로는 몇 개를 골라서 실시한다.

비교의 배경(QB)
비교의 실례의 배경을 생각해서 '거기에서는 무슨 일이 일어나고 있는 걸까?'라는 물음을 던지고 그 이미지를 기입한다. 이 비교 예의 배경을 찾는 것이 아이디어 발상의 힌트가 된다.

으로 정하는데 물건이라면 기본적으로 기능이 키워드가 됩니다. 이 경우에 본질적인 기능 외에도 부가적으로 혹은 희망하는 기능이라도 괜찮습니다. 재떨이를 예로 들면 '버리다', '두다', '저장하다', '끄다' 등을 생각할 수 있습니다.

그리고 '비교의 발상'을 합니다. 키워드에서 예를 들어 무엇 무엇과 같은 등과 같이 생각나는 대로 비교의 실례를 찾습니다. 옆의 예에서는 '닌자가 사는 저택의 회전문'이나 '우산꽂이'가 됩니다.

좀 더 깊이 들어가서 '거기에서는 무슨 일이 일어나고 있는 걸까?' 라고 하는 '비교의 배경'을 찾는 것입니다. '닌자 저택'의 예에서는 '벽이 회전해서 사람이 안으로 들어간다' 그리고 '우산꽂이'의 예에서는 '접는 우산은 너무 깊숙이 들어 가버리니까…' 등의 비교의 배경을 찾습니다.

마지막으로 머릿속에서 힌트의 이미지를 넓혀서 강제로 과제와 연결지어서 '아이디어 발상'을 합니다. 위의 예에서는 벽이 회전해서 사람이 안으로 들어간다' 에서 '재떨이 위에 뚜껑을 덮어서…', '회전시켜서 감출 수 있는 구조…'의 2개의 아이디어가 나왔습니다.

다각적인 시각으로 나온 많은 아이디어를 신중하게 생각해서 과제의 '해결책'을 생각합니다. 각 단계마다 카드를 사용하지만 최종안을 생각할 때는 카드를 여러 각도에서 신중하게 검토해서 구체적인 안을 생각합니다. 위의 예에서는 '연필꽂이 겸용의 재떨이'와 '회전시켜서 감출 수 있는 구조…'를 사용해서 '연필통'이라는 제품으로 결정되었습니다.

NM법은 순서가 명확하고 아주 사용하기 쉬운 기법입니다. 따라서 익숙해지면 순서대로 하지 않더라도 자연스럽게 비교의 발상을 할 수 있습니다.

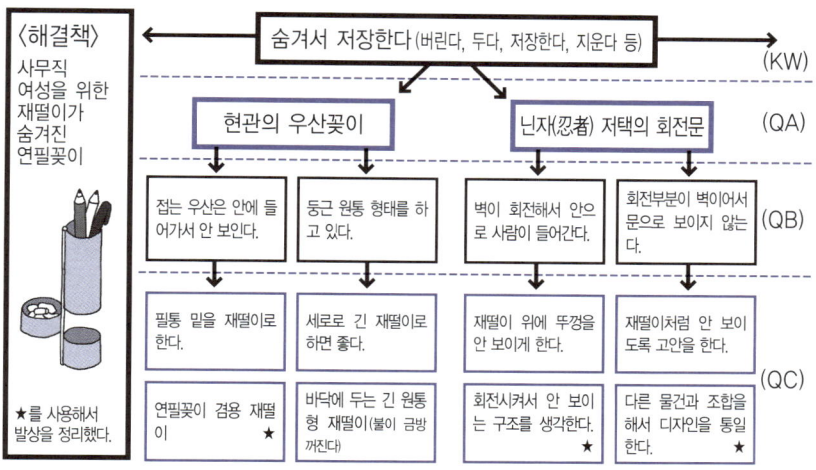

Hints on Business

NM법을 능숙하게 실시하기 위한 힌트

NM법의 처음 순서는 키워드(KW)의 선정입니다. KW는 고든법의 추상적인 문제인 토론 과제에 해당하고 동사나 형용사로 표현하며 동사나 형용사는 몇 개를 사용해도 상관없습니다.

NM법의 순서 중에서 가장 중요한 것은 QA, 즉 비교 예입니다. 이 순서에서 좋은 예를 찾지 못하면 나중에 아무리 열심히 해도 헛수고를 하게 됩니다. 선택을 할 때 중요한 점은 과제에 너무 집착하지 말 것과 KW에서의 발상을 부풀리는 것입니다. 재떨이의 예에서 '닌자 저택의 회전문'은 좀처럼 연상하기 어려운 것입니다. 그러나 과제와 관계가 먼 것임에도 불구하고 적절한 예이었기 때문에 '회전 구조' 등의 좋은 힌트를 찾을 수 있었다고 할 수 있습니다.

아이디어 정리에
도움이 되는
압축기법

제6장

제6장 아이디어 정리에 도움이 되는 압축기법

25

일본에서 개발되고 데이터의 집약에 자주 사용하는 KJ법

다수 의견에서 중요한 주제를 발견하자

'KJ법'은 문화인류학자인 카와키타 지로우(川喜田二郞) 씨가 개발했습니다. 이 기법은 여러 가지 현장 데이터나 정보 그리고 사람들의 여러 가지 의견을 카드에 적습니다. 그리고 데이터의 의미를 이해하고 내용이 본질적으로 닮은 것을 집약해서 새로운 가설을 발견하는 기법입니다. KJ법의 명칭은 제가 일본 독창성협회의 위원장을 하고 있었을 때 친구들과 붙인 이름입니다.

KJ법의 진행방법

KJ법은 기본적으로 다음과 같이 진행합니다.

① 주제를 정한다

주제를 명확하게 하고 목적을 정합니다.

② 카드에 데이터를 적는다

카드 BS법(전술) 등을 사용해서 '한 장의 카드에 하나의 데이터'의 원칙으로 각자가 계속해서 데이터를 카드에 기입합니다.

③ 내용이 본질적으로 비슷한 카드를 수집한다

카드에 적은 데이터 중에서 내용이 본질적으로 비슷한 것을 5~6장씩 수

KJ법의 진행방법

1 주제를 정한다.
↓
2 각자가 데이터를 카드에 적는다.
↓
3 내용이 본질적으로 비슷한 카드를 수집한다.
↓
4 각 카드 별로 표제를 붙인다.
↓
5 계속해서 상위 그룹으로 정리 해간다.
↓
6 모조지에 도식화한다.
↓
7 도표를 기본으로 문장을 만들거나 발표한다.

카드를 그룹화하는 방법

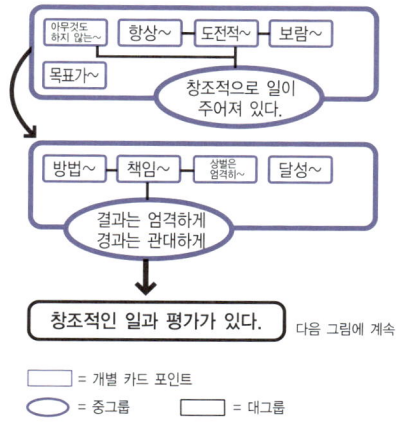

Key Words

카와키타 지로우(川喜田二郎)
문화인류학자. 동경공업대학 명예교수, 카와키타 연구소 이사장. 네팔협의회 회장 등도 겸임하고 있다. 현지 조사의 연구 결과를 정리하기 위한 일본의 대표적인 문제 해결법의 하나이다. 'KJ법'을 창안했다.

일본 독창성협회
1958년에 창설한 일본 최초의 창조성 연구 단체이고 1971년까지 활동. 발족 멤버는 오즈번의 BS저서 'Applied Imagination'을 『창조력을 길러라』라는 일본어 제목으로 번역을 했다. 필자도 학생 시절에 입회를 해서 창조성 연구를 시작하는 계기가 된 깊은 추억이 있는 단체.

집을 합니다. 정리를 하지 못한 카드는 단독카드로서 남겨두고 새로운 데이터도 카드로 만들어서 추가합니다.

④ 정리한 카드에 표제를 만든다

정리를 한 각 카드에 다음의 네 가지 점에 주의해서 내용을 나타내는 표제를 만듭니다.

a. 정리한 카드들의 내용을 요약한다.

b. 내용의 일부만을 나타내는 표현은 피한다.

c. 간결한 표현으로 한다.

d. 다른 표제와 중복이 되지 않게 한다.

각 표제는 카드에 다른 색상의 펜으로 기입합니다.

⑤ 계속해서 상위 그룹으로 정리해간다

정리를 한 카드들과 단독카드를 소그룹에서 조금 큰 그룹으로 정리를 하고 색상이 다른 펜으로 표제를 씁니다. 그리고 다시 큰 그룹으로 정리를 해서 큰 표제를 써둡니다. 최종적으로 10개 이내의 그룹으로 정리합니다.

⑥ 모조지에 도형이나 도표로 정리한다

몇 개의 큰 그룹과 정리하지 못한 중소그룹이나 단독카드를 비슷한 것끼리 모아서 모조지에 붙이고 그룹별로 모아두거나 그룹 사이의 관계를 화살표(←, →, …)로 연결합니다.

⑦ 도표를 기본으로 문장을 만들거나 발표를 한다

KJ법은 문제의 전체 형태가 불명확할 때 중요한 문제의 소재를 찾는데도 효과적입니다.

KJ법의 실례(창조적인 일과 직장이란?)

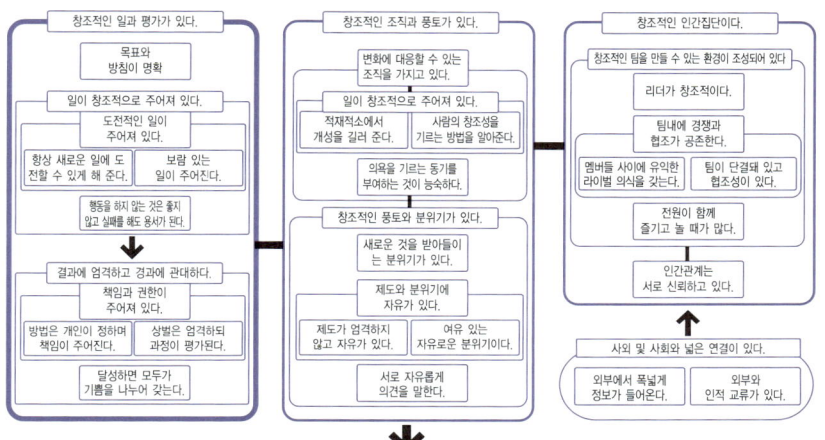

또는 이 그림을 기본으로 문장을 만든다.

(예) 창조적인 일과 직장에는, '일과 평가', '풍토와 조직' 그리고 '인간집단' 이라고 하는 3개의 요점이 있다. 각각에서 '창조성'은 빠지지 않는다. 구체적으로는….

Hints on Business

KJ법에서 데이터를 정리하는 비결

KJ법의 진수는 역시 데이터를 집약하는 것입니다. 카와키타 지로우 씨는 이때의 마음가짐을 '데이터를 가지고 이야기하라' 라고 말합니다. 자기 스스로 '데이터를 정리한다' 가 아니고 한 장 한 장의 카드가 걸어오는 이야기를 듣고 잘 받아 적어라 라는 가르침입니다. 그리고 표제는 데이터의 본질을 파악해서 정확하게 쓰는 것이 중요합니다.

문화인류학의 연구 방법으로서 탄생한 KJ법은 사람들의 목소리나 현지에 있는 형태를 그대로 진지하게 받아들이기 때문에 이런 사상이 흐른다고 할 수 있습니다. 이 KJ법은 일본이 낳은 대표적인 문제 해결법입니다.

제6장 아이디어 정리에 도움이 되는 압축기법

26 압축과 평가를 한 번에 실시하는 크로스(Cross)법
발상데이터는 중요도로 정리하자

7×7법은 카드를 분류 상자에 정리하는 방법

'7×7법' 은 자문 전문가인 칼 그레고리가 개발한 수법입니다. 진행방법은 먼저 아이디어 비트(IB)슬립이라고 하는 2×4인치의 카드에 아이디어나 정보를 기입합니다. 그리고 IB슬립과 비슷한 내용으로 7개의 종류로 수집해서 각 종류별로 왼쪽에서 오른쪽으로 중요도 순으로 배열합니다. 이어서 각 종류별로 카드를 위쪽에서 아래쪽, 중요도 순으로 7개 이내로 배열합니다. 도중에 카드를 결합하거나 수정해서 데이터를 자세하고 치밀하게 합니다. 다시 말해서 많은 데이터를 7×7=49 이내의 카드로 범위를 좁혀서 중요도로 평가를 하는 것입니다.

단, 카드가 너무 크고 분류 상자에 하나하나 만드는 것이 귀찮은 등 사용하는데 있어 어려운 점이 있었습니다. 그래서 제가 생각해 낸 것이 '크로스 법' 입니다.

크로스 법의 진행 방법

① **데이터 발상**   a. 데이터를 카드에 기입   b. 구체적인 데이터를 제시
② **데이터 펼치기**   a. 책상 위에 카드를 다 펼쳐서   b. 모든 카드를 잘 읽는다

크로스 법 용지(A4)   크로스 법의 진행방법

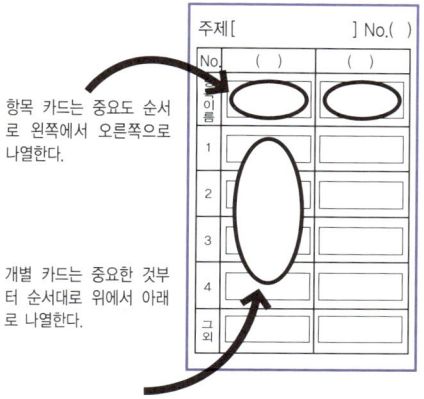

항목 카드는 중요도 순서로 왼쪽에서 오른쪽으로 나열한다.

개별 카드는 중요한 것부터 순서대로 위에서 아래로 나열한다.

Key Words

칼 그레고리(Carl Gregory)
미국 캘리포니아 주립대학 교수(경영관리론을 지도)이고 기업 고문 전문가이기도 하다. 압축기법인 '7×7법'을 개발하고 저서인 『두뇌 개발』(산노우대학 : 産能大學)에 소개되어 있다.

아이디어 비트(IB)슬립
모든 데이터나 아이디어 등을 기록해서 정리할 때 사용한다. 카드화되어 있기 때문에 데이터나 아이디어 등의 정보를 필요에 따라서 꺼내 쓰거나 추가할 수가 있다. '7×7법'에서는 이 카드를 49로 나눈 분류 상자에 정리한다.

③ 항목으로 분류

a. 내용이 같은 것끼리 카드를 수집해서   b. 그 외의 항목을 만든다.

④ 항목이름 결정

a. 항목이름을 빨간 카드에 기입   b. 내용을 정리한 항목이름을 생각한다.

⑤ 용지 준비

a. 그림처럼 A4 용지를 준비   b. 용지를 왼쪽에서 오른쪽으로 나열한다.

⑥ 항목 순서 결정

a. 중요한 순서로 항목의 순위를 결정

b. 중요한 순서로 왼쪽부터 항목이름을 기입

⑦ 내부순서 결정

a. 항목내의 카드를 중요한 순서로 위에서 아래로 나열한다.

b. 6위 이하의 카드를 버린다.

⑧ 도해 완성   a. 용지 위에 표제를 기입   b. 용지 위에 번호를 기입

발산 데이터를 항목별로 정리해서 하나하나의 데이터를 한번에 평가까지 실시하는 것이 크로스 법의 특징입니다. 데이터 중에서 상위에 있고 왼쪽에 있는 것일수록 중요한 데이터라고 할 수 있습니다. 옆의 그림은 문제해결용의 양식이지만 문제파악 즉, 사실 데이터의 정리도 기본적으로는 같은 양식으로 실시합니다.

이 기법은 현재 상태의 사실 데이터를 분석해서 중요도를 판단하거나 집단 토론에서 나온 구체적인 아이디어를 카드로 만들어서 분류합니다. 그리고 중요도를 평가해서 정리를 하는 데에도 효과적입니다.

크로스 법의 실례 (전화를 3분 만에 끝마치는 방법)

주제[전화를 3분 만에 끝마치는 방법](1)		
No. / 항목이름	(1) 사전준비	(2) 전화 거는 법
1	요점을 메모한다.	먼저 일방통행으로 혼자서 이야기한다.
2	FAX를 활용한다.	간단명료하게 이야기한다.
3	시계를 준비한다.	정리해서 이야기한다.
4	5W1H로 이야기한다.	3분 이내에 끊는다.
기타	메모를 준비한다.	

방대한 아이디어 중에서 중요 주제의 범위가 좁혀진다.

주제[전화를 3분 만에	
No. / 항목이름	(1) 교육훈련
1	3분간 대화의 연습을 한다.
2	강습회를 활용한다.
3	이야기하는 방법을 책자로 작성한다.
4	틀리지 않고 빠르게 말하는 연습을 한다.
그 외	잘하는 사람의 이야기를 듣는다.

Hints on Business

크로스 법은 항목과 데이터의 중요성을 잘 알 수 있는 수법

발상한 데이터를 원활하게 정리하는 방법으로서 '7×7법'은 대단히 뛰어난 수법입니다. 저는 이 방법이 대단히 좋은 방법이라고 생각합니다. 하지만 카드를 사용하면 더 간단해질 거라는 생각에 '크로스법'을 고안했습니다. 크로스 법으로 정리를 하면 어떤 항목 혹은 데이터가 중요한지 금방 알 수 있습니다.
예를 들어 위의 '전화'의 예를 보면 항목은 왼쪽에 있을수록 중요하기 때문에 '사전준비'가 가장 중요한 항목입니다. 또 데이터는 위에 있을수록 중요하기 때문에 '요점을 메모한다'나 '먼저 일방통행으로 혼자서 이야기한다' 등이 중요한 것을 알 수 있습니다. 결론적으로 왼쪽 그리고 위쪽의 항목이나 데이터가 중요하다고 할 수 있습니다. '크로스 법'은 제시된 사실이나 아이디어를 신속하게 정리하는데 효과적입니다.

제6장 아이디어 정리에 도움이 되는 압축기법

27
대량의 데이터를 즉시 처리하는 블록(Block)법
1000개의 데이터를 30분에 정리한다

발산기법을 사용하면 다음에 처리해야 할 데이터가 더 늘어납니다. 그래서 많은 데이터를 단시간에 정리하기 위해서 제가 생각해낸 것이 '블록법' 입니다. 데이터를 대략 '구획(블록)' 으로 정리한다는 의미에서 이름을 붙인 수법입니다.

블록 법의 진행방법

① 사회자를 정하고 구성원은 4~6명 정도로 한다

② 아이디어를 발상한다

카드BS법이나 카드BW법을 사용해서 카드에 아이디어를 적는다.

③ 기입한 카드를 각자에게 골고루 배분한다

④ 각자 가지고 있는 카드를 내용이 비슷한 것끼리 수집한다(B4용지를 사용한다)

⑤ A3용지를 4~5장 정도 책상 위에 나열한다

⑥ 한 가지 항목으로 정리한 카드를 순서대로 한 항목씩 제출한다

사회자의 오른쪽에 있는 사람부터 자기에게 있는 카드 중에서 한 항목을

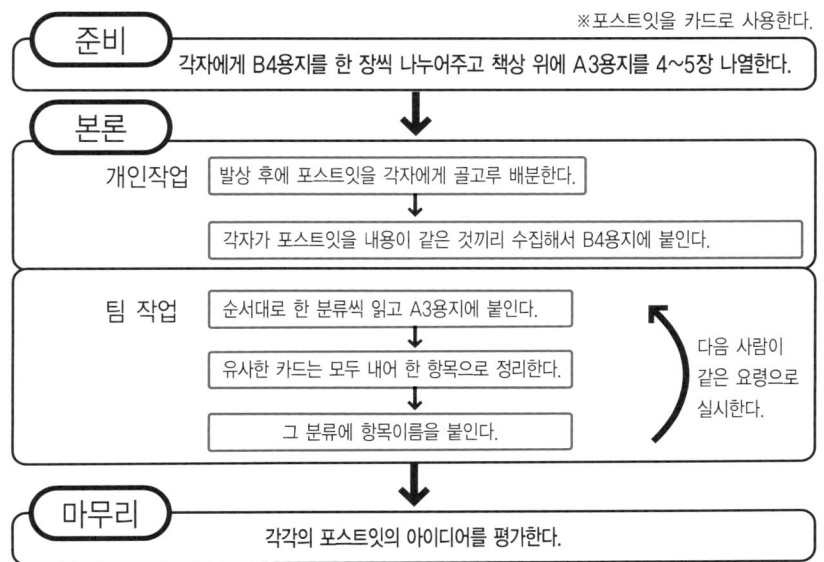

Key Words

카드
일본에서는 사실이나 아이디어를 카드에 적는 카드수법이 유행입니다. 이 경우에 카드 한 장에 하나의 데이터를 적는 것이 원칙입니다. 카드는 붙이고 뗄 수 있는 포스트잇이 편리한데 그 이유는 압축기법을 실시할 때 몇 번이고 뗐다 붙였다 할 수 있기 때문입니다.

네이밍 개발
새로운 상품이나 서비스 혹은 새로운 기업이나 시설 등의 이름을 생각해내는 것을 말합니다. 네이밍의 개발은 개념 확인 → 키워드 뽑아내기 → 아이디어의 발상 → 많이 제출된 이름에 대한 안(案)을 평가 → 이름에 대한 안의 결정 → 상표 등록 출원의 흐름으로 실시된다.

읽고 A3용지에 둔다.

⑦ 각자가 가지고 있는 카드를 하나의 항목으로 정리한다

다른 구성원은 그 카드의 종류와 동일한 내용의 카드가 있으면 읽고 제출한다.

⑧ 한 가지 항목으로 정리한 카드 종류에 항목이름을 붙인다

한 가지 항목으로 정리한 카드를 제출한 사람이 중심이 되어서 그 카드 분류의 항목이름을 생각하고 다른 색상의 카드에 적어서 카드 분류 위에 붙입니다.

⑨ 그 다음 사람이 자기가 가지고 있는 카드의 한 항목을 읽는다

⑩ 이하 같은 방법으로 모든 카드가 정리될 때까지 계속한다

⑪ A3용지에 정리해서 붙인다

한 가지 항목에 정리해서 붙이는 카드 수는 10장 이내로 합니다. 그리고 미처 정리하지 못한 카드를 정리해서 '그 외'의 항목에 넣습니다.

많은 데이터를 신속하게 정리

1,000장 정도의 데이터가 있어도 익숙해지면 4~6명의 구성원으로 블록법을 실시하면 30분 내로 정리가 됩니다. 이 블록 기법은 신속하게 많은 데이터를 정리하는 데에는 최적의 기법이라고 할 수 있습니다.

저희 연구소에서는 네이밍 작업에서 아이디어의 정리에 자주 사용합니다. 네이밍 개발에서는 2시간에 1,000개 정도의 아이디어가 나오는 것이 보통입니다. 이런 경우 블록법은 아주 편리합니다. 스피드가 요구되는 지금의 상황에 적합한 기법이라고 할 수 있습니다.

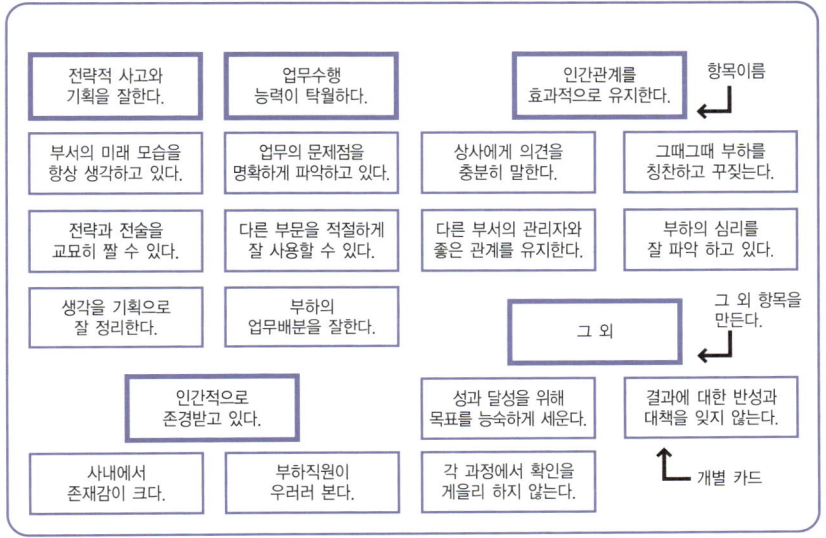

Hints on Business

블록법을 능숙하게 실시하기 위한 포인트

블록법은 제가 몇 백 개의 아이디어 카드를 신속하게 정리하기 위해서 실제 현장에서 만들어낸 수법입니다. 몇 백 장의 카드를 구성원 모두가 정리하려고 해도 쉬운 일이 아닙니다. 그러나 카드를 구성원 한 명당 몇 십장씩 나누어주어서 카드 수를 줄이면 각자 정리를 할 수 있습니다.

그리고 함께 정리를 할 때 한 사람 한 사람 순서대로 정리한 카드를 제출하면 전체적으로 정리가 됩니다. 그러나 카드 정리에서 한 항목에 몇 십 장이 있다면 많은 편입니다. 전체가 100~200장 정도라면 한 항목은 10장 정도까지 하고 그 이상이면 20장 이내로 하는 것이 표준적으로 좋습니다.

제6장 아이디어 정리에 도움이 되는 압축기법

28 문제의 원인을 발견하는 특성요인도법(特性要因圖法)
공장 등의 현장 개선점을 찾아내자

결과와 원인의 관계에서 문제를 파악

'특성요인도법'의 '특성'은 문제의 결과를 말하고 '요인'은 그 원인을 말합니다. 다시 말해서 문제의 결과(특성)가 어떤 원인(요인)에서 발생했는지 그림으로 그려서 (특성요인도) 문제점을 파악해 해결법을 생각하는 수법입니다.

'특성요인도'는 형태적인 특성 때문에 '물고기의 뼈'라고도 합니다.

옆의 그림에 있는 화살표의 끝 부분에는 특성(문제의 결과)을 기입합니다. 그 특성에 영향을 줄 것 같은 요인을 큰 요인에서 작은 요인의 순서로 대골(大骨), 중골(中骨), 소골(小骨)이라고 합니다.

이 수법은 문제의 모든 요인을 인과에 따라서 빠짐없이 정리하는 점이 특징입니다. 원인과 결과가 하나의 그림에 나타나기 때문에 개선해야 될 중요한 요인을 쉽게 찾을 수 있습니다. 따라서 이 수법은 압축기법의 계열형 인과법이 됩니다.

특성요인도법의 진행방법

1. 특성을 정한다
2. 요인을 밝혀낸다
3. 특성요인도를 작성한다
4. 중요 요인을 분석한다

특성요인도 '물고기의 뼈'

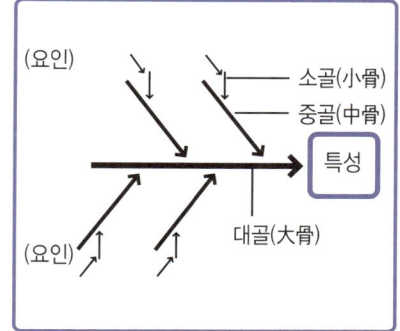

'특성(결과)'을 발생시킨 '원인(요인)'을 관계자가 카드에 적고 비슷한 내용별로 대, 중, 소로 분류한다. 불필요한 카드는 버리고 혹은 추가를 해서 위의 설계도를 만든다.

Key Words

물고기의 뼈(Fish Born)
'특성요인도'의 다른 명칭. 위의 그림처럼 특성요인도는 물고기의 뼈와 같은 형태를 하고 있기 때문에 이런 애칭이 생겼습니다. 주요 요인은 대골, 중간 요인은 중골, 작은 요인은 소골처럼 각 부분도 물고기의 뼈를 의식해서 이름을 붙였습니다.

TQC(Total Quality Control)
종합적 품질관리라는 뜻입니다. 제조부문만이 아니고 기획, 개발, 영업, 총무 등의 기업 전 부문에서 QC(품질관리)를 하는 것을 가리킵니다. QC는 직장의 QC활동을 중심으로 전개되고 TQC는 기업 구성원 전원이 품질관리자라는 뜻이기도 합니다.

특성요인도법의 진행방법

① 특성(문제의 결과)을 정한다
② 요인(문제의 원인)을 밝혀낸다
③ 특성요인도를 작성한다
④ 중요 요인을 분석한다

먼저 특성을 정합니다. 특성은 주변의 문제 중에서 희망점열거법이나 결점열거법 등을 사용해서 꼭 해결해야 할 문제를 골라냅니다. 그리고 될 수 있으면 '무엇이 어떠하다' 등의 '명사 + 동사'의 표현으로 합니다.

이어서 '문제의 원인'을 밝혀냅니다. 문제에 관계가 있는 사람들이 중심이 되어 카드BS법 등을 사용해서 계속해서 원인을 적어갑니다.

다음은 '특성요인도를 작성'하는 단계입니다. 원인카드를 비슷한 내용별로 분류합니다. 이때 불필요한 카드는 버리고 필요한 것은 추가합니다.

그리고 대분류에 해당하는 것은 대골, 중간분류에 해당하는 것은 중골 그리고 소골로 정리를 합니다.

마지막으로 도해 중에서 '중요 요인'을 골라 ○를 그려서 포인트를 명확하게 합니다.

이 기법은 공장 등의 현장 문제점을 분석해서 개선점을 찾을 때 효과적입니다. 특히 소그룹에서 BS법 등을 사용하여 토의하고 정리하는 방법은 팀을 만드는 것에도 대단히 도움이 됩니다.

TQC에서는 이 기법이 대표적으로 이용되고 있으며 사무나 영업 개선 등에도 폭 넓게 사용되고 있습니다.

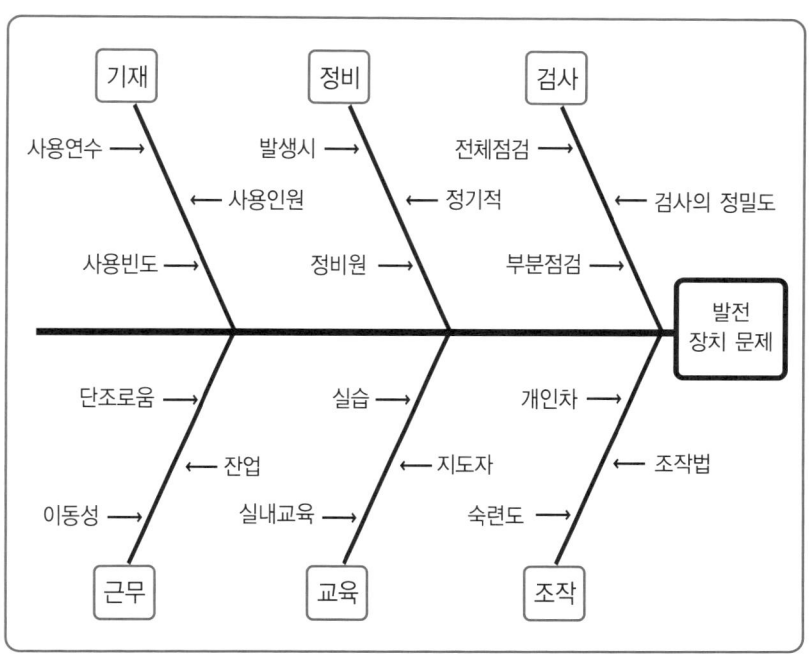

특성요인도의 예 (발전 장치의 문제)

Hints on Business

특성요인도법도 포스트잇을 사용하면 좋다

특성요인도법은 본래 카드를 사용하는 방법이 아닙니다. 그러나 여러 가지 요인을 밝혀내는 데에는 카드법이 편리합니다. 그래서 먼저 포스트잇에 적습니다. 이때 발산사고의 규칙을 사용합니다. 다음에는 A3용지를 몇 장 준비해서 가운데에 옆으로 선을 긋고 오른쪽 끝에 특성을 적어 넣습니다.

그 용지를 책상 위에 오른쪽에서 왼쪽으로 몇 장 놓아둡니다. 그리고 카드를 상하로 배열합니다. 물론 처음의 카드를 모두 사용하는 것은 아닙니다. 추가카드를 기입하고 배열하면서 그림으로 정리합니다. 이때 붙였다 뗐다 할 수 있는 포스트잇을 사용하므로 편리하게 작업할 수 있습니다. 이상이 카드를 사용해서 특성요인도법을 간단하게 실시할 수 있는 방법입니다.

제6장 아이디어 정리에 도움이 되는 압축기법

29
문장이나 연설의 정리에 제일 적합한 스토리(Story)법
행사 계획이나 발표에 활용하자

스토리법은 계열형의 기초 수법

제가 행사 계획을 세우거나 강연 내용이나 문장을 정리할 때 손쉽게 할 수 있는 간단한 방법으로 고안한 수법이 '스토리법' 입니다.

스토리법은 계열형 기법의 기본적인 것으로 생각하시면 됩니다.

스토리법의 진행방법

① 데이터나 아이디어를 카드에 기입한다

다음 장의 그림을 예로 들면 출장을 간 지역을 둘러보면서 떠오르는 아이디어를 생각나는 대로 하나의 카드(또는 포스트잇)에 하나의 아이디어를 적어서 용지에 붙입니다.

② 정리할 용지를 준비한다

카드를 붙인 용지를 왼쪽에 두고 오른쪽에 정리할 B4크기 용지를 세로로 둡니다. 용지는 세로로 세 번 접고 위쪽에 '주 행동', '내용이나 사례', '보충이나 상세' 라고 연필로 기입합니다.

③ 카드를 용지에 배열한다

카드를 모두 보고 주요 행동의 흐름을 나타내는 카드를 용지 왼쪽의 '주 행동' 의 난에 위에서 아래로 놓아둡니다. 각 행동의 주요 내용이나 구체적

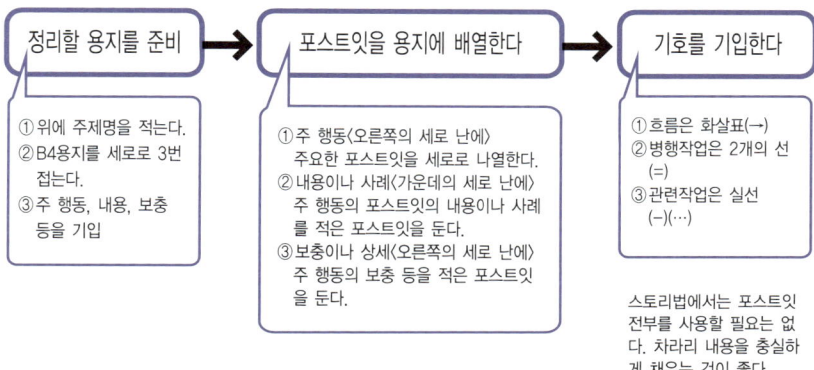

Key Words

계열형의 수법
계열형의 수법은 인과나 시간의 흐름으로 정리하는 압축법이다. 이 수법은 인과형과 시계열형(時系列型)으로 나뉜다. 이 스토리법은 소설 등의 문장을 쓸 때는 인과형을 그리고 행사 작전 등을 정리하는 데는 시계열형을 각각 사용한다.

전체의 표제
표제는 전체나 부분을 짧은 문장으로 정리한 표현이다. 모든 문장 등에서 표제는 중요한 역할을 차지한다. 스토리법에서도 마지막 정리는 표제가 된다. 기획서나 프레젠테이션에서도 결정적인 열쇠는 표제이다. 이런 점을 충분히 유의하여 표제를 만들기 바란다.

인 예가 기입된 카드는 가운데의 난에 그리고 내용의 보충이나 상세하게 설명된 카드는 오른쪽 난에 나열합니다.

④ 추가 카드를 작성한다

이 단계에서 새롭게 발상한 카드를 추가합니다. 처음의 카드를 모두 사용할 필요는 없고 추가카드를 늘려가도록 노력합니다.

⑤ 전체의 표제나 기호를 기입한다

전체의 표제를 생각해서 용지의 맨 위에 기입합니다. 또 '스토리의 흐름'은 (↓), '병행작업'은 (=), '관계 있음'은 (-)(…) 등의 기호를 기입합니다.

스토리법에서 문장을 작성

문장 작성에는 다음의 세 가지 순서가 있습니다.

① 내용 발상   ② 구상안을 세움   ③ 문장화

'내용 발상'을 할 때는 문득 떠오르는 생각을 카드에 계속해서 적습니다. 다음의 '구상안을 세움'에서 스토리법을 사용합니다. 카드를 붙인 용지를 왼쪽에 그리고 정리할 용지를 오른쪽에 둡니다. 문장의 흐름을 생각해서 카드를 배열합니다. 그리고 추가카드를 기입하거나 용지에 직접 써 넣습니다.

카드를 다 붙이고 나면 용지에 적어서 나누어 줄 용지 수를 기입한 후 이를 사용해서 문장을 쓰기만 하면 됩니다. 이처럼 문장을 만드는 단계를 상세하게 나누면 집중하여 사고할 수 있습니다. 강연 등도 같은 요령으로 스토리법의 용지를 대본으로 하면 안심하고 이야기를 할 수 있습니다.

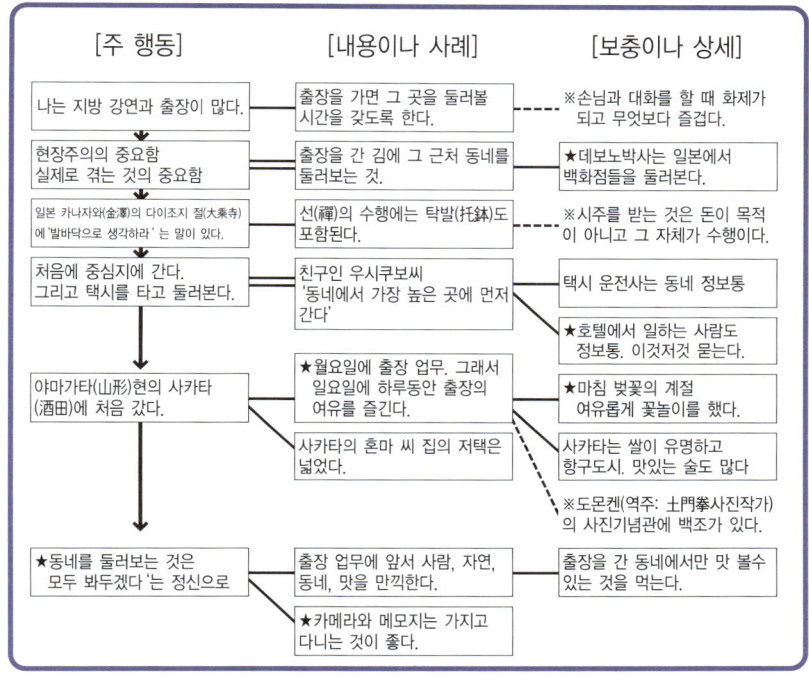

★추가카드(정리할 때 추가한 카드), ※추가기입(최종적으로 용지에 기입한 것)

Hints on Business

스토리법은 연설이나 기획을 정리할 때도 사용할 수 있다

스토리법의 문장 작성법은 본문에서 설명을 했습니다. 위의 사례 '출장시 권유할 사항'은 제가 지방의 교육 강좌에서 사용했던 연설 원고의 일부입니다. 내용은 '사업가는 좀처럼 관광을 할 수 없다. 출장을 간 김에 동네를 걷다 보면 생각지 않게 여러 가지를 발견할 수 있다'는 이야기입니다. 그 당시에 굉장히 바빴었기 때문에 교육 강좌를 가던 도중의 전차 안에서 이 원고를 작성했습니다. B4 용지 5장에 정리를 해서 2시간의 강연을 했습니다. 이처럼 저는 여러 가지 기획에 스토리법을 자주 사용합니다. 경영전략기획이나 행사 기획에서 사생활의 여행기획까지 여러 가지 기획의 정리에 활용하고 있습니다. 먼저 떠오르는 생각을 카드로 만들고 그 다음에 천천히 스토리를 정리하는 것은 즐거운 일입니다.

제6장 아이디어 정리에 도움이 되는 압축기법

30. 간편하고 신속하게 사용할 수 있는 계획기법 카드PERT법
계획법으로 효과적인 프로젝트 관리를 하자

프로젝트 관리 기법이 'PERT' 입니다.

카드를 사용해서 간편하게 작업

'카드PERT법'은 제가 카드로 PERT를 간단하게 사용할 수 있도록 개발한 수법입니다. PERT의 작성은 작업의 배열이 복잡하고 손이 많이 필요합니다. 컴퓨터 등의 PERT프로그램도 있어서 많이 쉬워졌으나 '카드PERT법' 보다는 어렵습니다. 아래에 진행방법을 설명합니다.

카드PERT법의 진행방법

① 프로젝트의 전체 계획을 세운다

② 모든 작업을 카드에 기입한다

카드(3cm×4cm)의 가운데에 선을 긋고 위에 작업명, 밑에 일수를 기입합니다.

③ 모조지 위에 카드를 배열한다

주요작업 카드를 가운데에, 병행작업 카드는 위아래에 두고 모든 작업을 왼쪽에서 오른쪽으로 배치합니다.

카드PERT법의 실례(운동회)

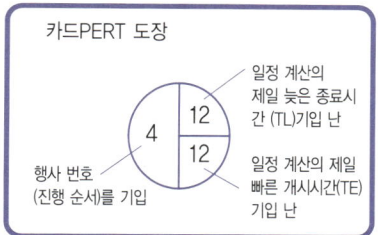

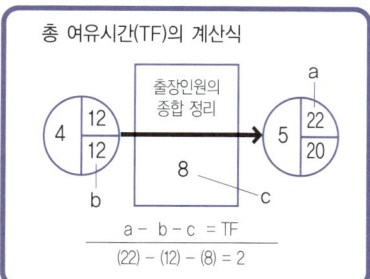

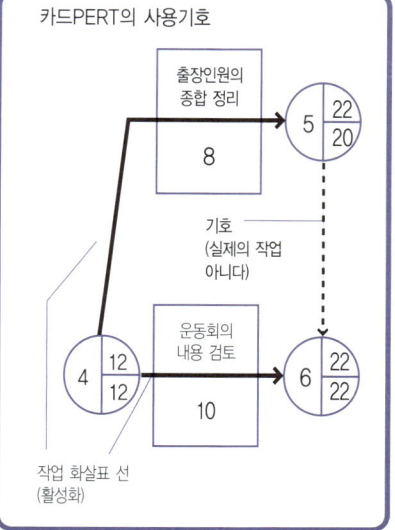

Key Words

PERT(Program Evaluation & Review Technique)
계획의 평가와 검토 수법. 순서 계획의 수법으로서 미국의 해군에서 개발되었다. 프로젝트를 싸고 빠르고 효과적으로 진행하는 관리기법이다.

총 여유시간 (TF : Total Float)
작업마다 총 여유시간을 계산한다. 각각의 작업의 여유시간을 알 수 있기 때문에 작업의 분담이나 작업의 착수 순서 등을 결정하는 데 대단히 도움이 된다.

중점 경로(CP : Critical Path)
작업의 흐름 중에서 가장 주의해야 하는 경로. 만약에 중점 경로가 늦어지면 전체가 늦어진다. 시간 단축도 이 경로부터 먼저 줄인다.

④ 모든 일정을 계산하고 중점 경로나 여유시간을 산출한다

⑤ 모조지에 카드를 붙이고 그림을 완성한다

모조지에 카드를 붙이고 행사와 일정 기입용 표시하는 ■모양의 도장을 찍고 작업 화살표 선이나 기호를 기입합니다.

일정 계산의 진행 방법

① 제일 빠른 개시 시간 (TE로 나타낸다)

원의 왼쪽에 행사 번호, 위쪽 난에 TL(제일 늦은 종료 시간), 아래쪽 난에 TE를 기입합니다. TE는 '이 시간까지 앞의 작업을 마치고 다음 작업을 개시할 수 있는' 제일 빠른 시간을 말합니다. 계산은 작업시간을 왼쪽에서 오른쪽의 순서로 더하고 작업이 2개 이상이면 그 중에 최대값을 취합니다.

② 제일 늦은 종료 시간 (TL로 나타낸다)

원의 오른쪽 위의 난에 있는 숫자는 '이 시간까지 작업을 끝내지 않으면 다음 작업의 개시가 늦어진다' 는 뜻입니다. 계산을 할 때는 마지막에서 작업시간을 빼고 그 행사에서 나오는 작업이 2개 이상이면 제일 작은 값을 선택합니다.

③ 총 여유시간(TF로 나타낸다)

TE와 TL을 계산하면 작업마다의 여유시간이 나옵니다. '출장인원의 종합 정리' 의 TF라면 22-12-8 = 2(일)이 됩니다.

④ 중점 경로(CP로 나타낸다)

총 여유시간을 계산하면 TF가 0인 경로, 즉 여유 0의 중점 경로(CP)가 나옵니다. 전체 작업을 줄이기 위해서는 이 중점 경로부터 먼저 줄여야 합니다.

카드 PERT법의 실제 예(운동회 개최)

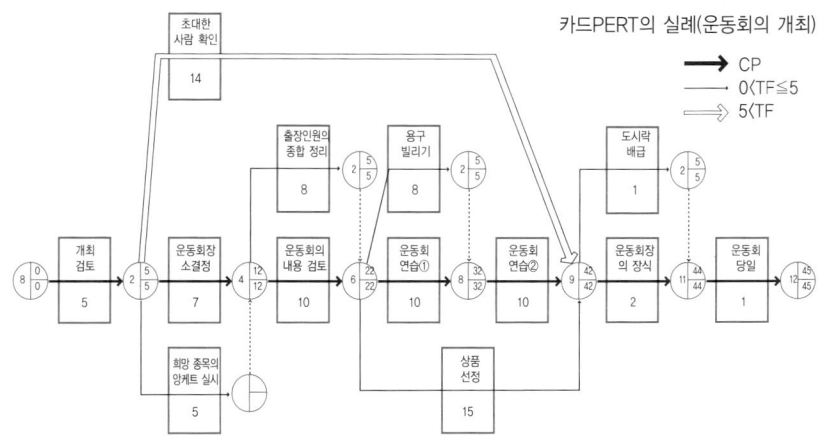

Hints on Business

카드PERT의 간편한 활용법이란?

카드PERT법은 일정 계산 등 PERT의 기본을 모두 파악한 방법입니다. 그러나 일상생활에서는 좀 더 조잡하게 계획을 세워야 할 때도 있습니다. 이 경우 저는 좀 더 간편한 방법을 사용합니다. 먼저 카드에 작업 명만을 적습니다. 생각나는 작업은 모두 적고 나서 A3용지를 몇 장 준비합니다.

그리고 실시 순서대로 용지의 왼쪽에서 오른쪽의 순서로 카드를 붙입니다. 모든 작업 카드를 붙이고 나서 일정의 흐름에 따라서 카드와 카드를 선으로 연결합니다. 이렇게 하면 간략 카드PERT법이 완성됩니다. 또한 이 방법으로 전체 일정과 작업을 한눈에 파악할 수 있습니다.

발상에서 압축까지의 종합 기법

제7장

제7장 발상에서 압축까지의 종합기법

31
근본적인 개혁을 추구한다면
워크 디자인(Work design)법을 사용하라

이상적인 시스템은 이렇게 설계하라

'워크 디자인 법'은 위스콘신 대학의 내들러 명예 교수가 창안했습니다. 이상적인 접근으로 문제를 일으키는 요인을 제거하고 새로운 시스템을 생각할 때 특히 효과적입니다.

내들러 식의 기본 10단계

① 기능의 결정　② 이상적인 시스템의 전개　③ 정보 수집

④ 다양한 안의 제출　⑤ 실행 가능한 안의 선택

⑥ 시스템의 상세 설계　⑦ 시스템 설계안의 재검토

⑧ 시스템 설계안의 시험　⑨ 시스템의 실시

⑩ 실적 평가 기준의 작성

요시야(吉谷)식의 4단계

요시야 류이치(吉谷龍一) 씨는 4단계로 정리했습니다. [『워크 디자인 기법』(닛칸 공업신문사)]

① 목적 또는 기능의 결정　② 이상적인 시스템의 전개

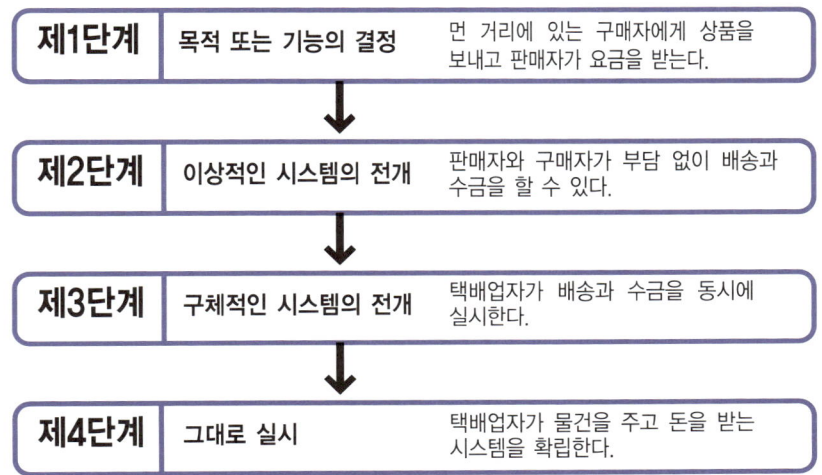

워크 디자인 법의 예(새로운 통신판매 시스템)

Key Words

내들러(Nadler, Gerald)
미국의 경영학자로 '워크 디자인 법'의 창안자이고 세계기획계획학회의 명예 고문. 기획계획학의 세계적인 권위자이며 타개(Breakthrough) 사고를 국제적으로 연구해온 전문가이다. 저서로는 『타개사고-뉴 패러다임을 창조하는 7원칙』 등이 있다.

요시야 류이치(吉谷龍一)
전 와세다대학 시스템 과학 연구소 교수를 지냈고 일본에 '워크 디자인 법'을 소개했다. 알기 쉬운 4단계의 진행방법을 독자적으로 고안한 '요시다 식 워크 디자인 법'을 전개해나가고 있다. 이 요시다 식 워크 디자인으로 워크 디자인의 기본적인 사고방식을 잘 이해할 수 있다.

③ 구체적인 시스템의 전개   ④ 그대로 실시

[목적 또는 기능의 결정]에서는 먼저 기능(대상 시스템의 목적)이 무엇인지를 묻고 계속해서 단계를 높여(기능 전개), 기능의 단계가 정해지면 설계 시스템의 '목적'이 결정됩니다. 목적이 정해지면 투입, 산출, 순서, 환경, 설비, 방법과 기능의 7요소가 결정됩니다.

앞의 표 '새로운 통신 판매 시스템'에서는 투입이 '상품'이 아니라 '사는 쪽도 파는 쪽도 부담이 없는 통신판매'이며, 산출 역시 '입금'이 아니라 '사는 쪽에 도착한 상품'과 '파는 쪽에 도착한 요금'입니다. 순서는 투입에서 산출로의 진행방법을 가리킵니다.

[이상적인 시스템의 전개]는 현재 시행하는 방법을 잊고 이상적인 새로운 시스템을 고안하는 것입니다. 예를 들면 물건을 출하할 때 '창고 자체를 없앤다'와 같은 사고방식입니다.

[구체적인 시스템의 전개]는 이상적인 시스템을 실현하기 위한 구체적인 시스템의 설계입니다.

[실시]는 말 그대로 실시를 하는 것입니다. 수정할 부분이 생겨도 너무 쉽게 생각해서 고치지 말고 주위를 바꾸려는 노력이 중요합니다. 아무리 해도 제대로 되지 않을 경우에는 제2, 제3단계로 돌아가서 다시 만듭니다.

기능 전개의 예

먼 거리에 있는 구매자에게 상품을 건네고 판매자가 요금을 받는다

F:1 판매자는 물건을 배송하고 구매자는 은행에서 송금을 한다.

F:2 판매자와 구매자가 부담 없이 배송과 수금을 할 수 있다.

F:3 택배업자가 배송과 수금을 동시에 실시한다.

F:4 택배업자가 수금한 돈을 나중에 판매자에게 건넨다.

F:5 택배업자가 수금한 돈을 은행에서 판매자에게 송금한다.

워크 디자인의 7요소

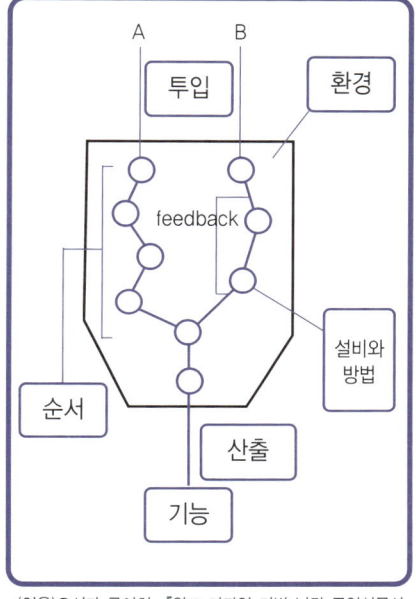

(인용)요시다 류이치 『워크 디자인 기법』닛칸 공업신문사

Hints on Business

워크 디자인은 문제를 일으키는 요인을 제거하고 새롭게 개혁을 하고 싶을 때 사용할 수 있는 수법이다

보통 사람은 개선에는 뛰어나지만 개혁에는 그렇지 못합니다. 워크 디자인은 문제를 일으키는 요인을 제거하여 개혁을 추구하는 수법입니다. 워크 디자인의 진수는 기능 전개에 있습니다. 위의 예는 택배의 대금 회수 시스템으로 이미 확립되어 있는 체제를 모방한 것입니다. 판매자가 먼 거리에 있는 구매자에게서 대금을 회수하는 것은 쉬운 일이 아닙니다. 그러나 이 기능 전개와 같은 사고방식으로 배송과 대금 회수를 동시에 실시하는 시스템을 생각할 수 있었던 것입니다. 현재의 기능을 이상적인 것으로 한 단계 수준을 높여 생각을 하는 기능 전개 방법은 제품 개발만이 아니라 사회 시스템의 개혁에도 사용할 수 있다고 내들러는 주장합니다. 이상형에 과감하게 접근하길 꺼리는 사람에게 있어서는 더 배워야 할 과제입니다.

제7장 발상에서 압축까지의 종합기법

32 문제를 신속하게 해결할 수 있는 High-bridge법
문제해결의 기본순서와 기법을 습관화 하자

High-bridge법이란?

'Bridge법'은 문제 해결의 모든 단계를 하나의 양식으로 표시하기 위해서 도시바에서 개발한 기법입니다. 구체적으로는 카드와 모조지를 사용해서 문제 파악, 구상 설정, 구체적인 대책 작성, 행동 목표의 각 순서로 발산 사고와 압축 사고를 반복해서 문제를 해결합니다.

저도 문제 해결의 모든 단계를 한눈에 파악할 수 있는 'High-bridge법'을 생각해냈습니다.

'Bridge법'에서는 공간형 기법인 KJ법을 사용하고 종이도 모조지를 사용했지만 'High-bridge법'은 스토리법 등 계열형의 수법을 사용하고, 완성한 것을 복사하기 위해서 복사 용지를 사용합니다.

High-bridge법의 진행방법

① 문제 결정 (자유토론) ② 문제 파악 (카드BS법 → 인과분석법)
③ 과제 결정 (자유토론) ④ 목표 설정 (자유토론)
⑤ 해결 계획 (카드BW법 → 토리법)

High-bridge법의 진행방법

단계	방법	시간
1 문제 결정	자유토론	15분
2 문제 파악	카드BS법→인과 분석법	90분
3 과제 결정	자유토론	15분
4 목표 설정	자유토론	30분
5 해결 계획	카드BW법→스토리법	90분

※시간은 절대적인 기준이 아니다.

Key Words

인과분석법
산노우 전문대학의 요시다(吉川雅之)교수가 개발한 문제파악 기법이다. 문제의 원인과 결과를 카드로 만들어서 나열하고 선과 화살표를 사용해서 그 인과관계를 연결해 문제를 명확하게 한다. 그리고 각 카드를 난이도 별로 색상을 나누어서 원인과 문제점의 중점을 하나하나 평가한다.

문제 결정과 과제 결정
문제와 과제는 나누어서 사용하고 있다. '문제'는 곤란한 것이나 해결을 해야 하는 것을 가리킨다. 따라서 '~가 아니다' 등의 표현이 된다. 한편 '과제'는 해결할 방향이 정해졌을 때 사용한다. 그래서 '~한다'와 같은 표현이 된다.

[문제 결정] 더 긴급하고 중요하며 당사자가 해결할 수 있는 과제선택을 기준으로 합니다.

[문제 파악] 문제의 원인을 카드BS법으로 카드에 적습니다. 이때 중요한 점은 '관련 데이터를 다각적이고 구체적으로', '문장으로 표현', '최대한 수량화' 등입니다. 그리고 원인카드에서 중요한 카드를 15~20장을 골라 '인과 분석법'으로 원인을 알아냅니다.

[과제 결정] '젊은 사원의 정착률을 10% 높인다' 등의 해결 방향을 나타내는 과제로 합니다.

[목표 설정] 중요한 카드를 골라 '~한다'라고 다시 써서 '목표'를 정합니다.

B에서는 원인카드 '사원의 교육 시스템이 확립되어 있지 않다'를 목표 '사원의 교육 시스템을 확립한다'로 고쳤습니다.

[해결 계획] 구체적인 아이디어를 각 목표마다 카드BW법으로 내어서 해결의 구체적인 대책을 스토리 법으로 B4용지에 정리합니다.

다음이 해결의 구체적인 대책에 대한 평가 기준입니다.

① 과제와 각 목표의 해결책으로서 적절한가?

② 해결할 주체와 돈, 물건, 사람이 명확한가?

③ 목적이 명확하고 내용, 방법이 구체적인가?

④ 기간, 일정과 고지 방법도 포함시켰는가?

이 기법은 문제해결의 기본순서와 기본기법을 단시간에 습득하는데 효과적이다.

High-bridge법의 전체도

■ A 문제 파악(인과분석법)

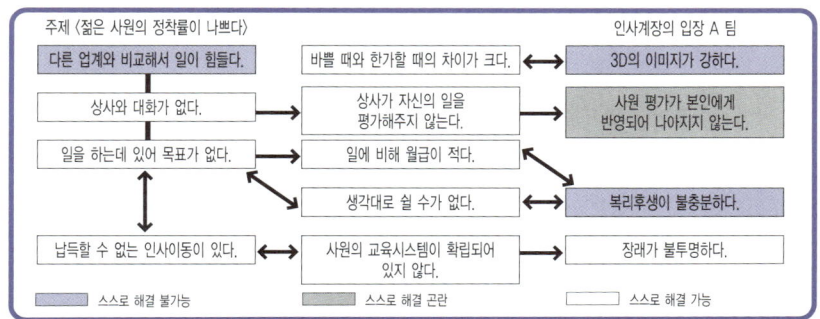

■ B 문제 파악(스토리법)

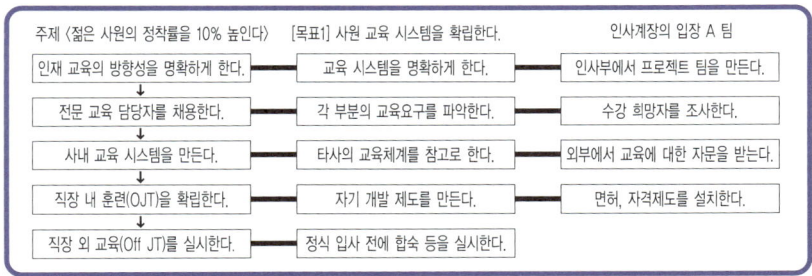

Hints on Business

High-bridge법의 특성

High-bridge법은 저의 성인 타카하시(高橋)를 영어로 번역한 이름입니다. 물론 Bridge법을 존중한 이름이기도 합니다. High-bridge법이 Bridge법과 크게 다른 점은 모조지가 아니라 복사 용지를 사용하는 것입니다. 모조지는 뒤처리가 대단히 불편하고 복사도 할 수 없기 때문에 더 보존하기 쉬운 복사 용지를 사용했습니다. 또한 수법에도 특징이 있는 인과분석법과 스토리법을 사용했습니다. 인과분석법은 사실이나 원인 데이터를 카드에 적어서 그 카드를 인과에 따라서 나열하는 방법으로 스토리법과 마찬가지로 계열형의 수법입니다.

 두 방법 다 간편하게 실시할 수 있는 수법입니다. High-bridge법은 문제 해결의 모든 순서를 4시간 정도 내에 실시할 수 있으므로 꼭 활용해 보시기 바랍니다.

제8장

제8장 발상의 힌트와 팀워크

33 정보 정리의 3원칙 '규격화' '신속화' '집중화'
정보 수집과 활용 도구를 100% 활용하라

정보 정리의 3원칙

저는 정보 정리의 포인트를 다음의 3원칙으로 정리했습니다.

① **정보의 규격화**

② **정보의 신속화**

③ **정보의 집중화**

정보는 소리, 활자, 영상 이외에도 감각기관을 통해서 다양하게 얻을 수 있습니다. 다시 말해서 정보 자체에는 규격이 없습니다. 그래서 정보를 정리할 때는 가장 먼저 정보 기록 도구를 규격화하는 것이 좋습니다.

또 정보는 어디에 굴러다니는지 언제 머릿속에서 떠오를지 알 수가 없습니다. 그래서 언제든지 신속하게 정보를 기록할 준비를 해야 합니다.

그리고 정보는 자신에게 의미가 있는 것만을 골라서(이것이 진짜 정보) 언제든지 사용할 수 있도록 정리해둘 필요가 있습니다. 그래서 바로 활용할 수 있도록 '집중화' 해야 합니다.

정보수집의 3원칙

1 규격화
(정보를 규격화해서 정돈한다)

2 신속화
(신속하게 정보를 수집한다)

3 집중화
(정보를 집중 관리해 둔다)

Key Words

정보
정보에는 중요한 비밀을 알린다는 의미가 있다. 영어에서는 Intelligence에 해당하며 Information은 좀 더 일반적인 알림에 해당한다. 우리는 정보에 민감하게 반응하고 느낄 수 있는 힘을 길러야 한다.

컴퓨터
지금은 컴퓨터가 정보수집의 도구 7개를 모두 겸비하고 있다. 언어와 음성을 모두 수집하고 보관할 수 있기 때문이다. 게다가 정보수집도 세계 각지의 여러 분야에서 할 수 있다. 현대인의 문제 해결에 컴퓨터는 없어서는 안 될 도구라고 할 수 있다.

정보 활용은 컴퓨터가 열쇠

정보 활용의 주역은 여러분 자신입니다. 맥루한(역주 : Herbert Marshall Mcluhan 미디어 이론·문화 비평가)이 '미디어는 인간의 확장이다' 라고 말한 것처럼 정보수집 도구는 인간의 뇌의 또 다른 저장 창고입니다. 따라서 정보를 파일로 만드는 정보수집 도구는 될 수 있으면 적어야 합니다.

정보를 직접 적어서 수집할 경우에는 수첩과 메모지(또는 노트)가 있으면 충분합니다. 휴대전화는 주소나 메모를 적을 때 다양하게 사용할 수 있습니다. PDA도 많이 발전하고 보급되어 저렴한 가격으로 데이터를 디지털화 할 수 있습니다. 이제부터는 컴퓨터를 중심으로 하는 정보의 전자화가 급선무입니다.

시청각 계통의 정보 수집도 나중에 바로 이용할 수 있는 장점이 있습니다. 테이프나 VTR 등은 재생을 하는데 시간이 걸리지만 DVD는 신속하게 재생을 할 수 있기 때문에 대단히 편리합니다. 한편 저는 디지털 카메라를 많이 사용하고 있습니다. 디지털 카메라로 찍은 자료는 컴퓨터에 정리하기가 편하고 쉽게 빼서 쓸 수 있는 장점이 있습니다.

상대방의 이야기를 기록할 때도 중요한 요점은 글로 적어둡시다. IC레코더에 녹음을 해 두더라도 중요한 점은 메모지나 노트, 그리고 컴퓨터에 입력을 해 두어야 합니다.

정보를 수집하는 도구를 선택할 때는 '규격화', '집중화' 그리고 정보를 활용할 때는 생각나는 즉시 기록을 하는 '신속화' 에 신경을 써야 합니다.

컴퓨터로 정보 활용

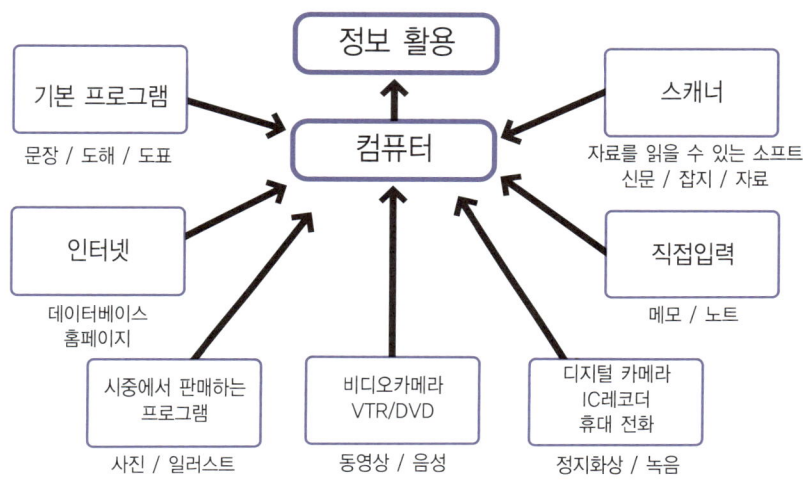

Hints on Business

주머니와 가방에 정보수집 미디어를 항상 준비해 둔다

정보가 언제 어디에서 입수될지 예측을 할 수가 없습니다. 따라서 정보수집 미디어를 언제나 근처에 둘 수밖에 없습니다. 저는 7.5cm 크기의 포스트잇을 주머니에, 경량형 컴퓨터를 가방에 넣어둡니다. 그리고 카메라와 녹음기 대신 휴대전화를 사용하고 있습니다.

포스트잇에는 문득 떠오르는 생각이나 잊어서는 안 될 것을 바로 메모합니다. 기록해야 될 메모는 한가한 시간에 A4용지에 정리해서 필요한 것은 컴퓨터에 저장해둡니다. 컴퓨터에는 현재 진행 중인 일이나 필요한 데이터를 넣어두고 회의록 등은 컴퓨터에 직접 입력합니다. 정보의 신속화는 포스트잇과 휴대전화로, 규격화와 집중화는 컴퓨터를 사용합니다.

제8장 발상의 힌트와 팀워크

34 정보나 떠오르는 생각을 메모하는 기술
메모와 정리에서 참신한 발상을 얻자

신문이나 잡지, TV, 라디오, 다른 사람의 이야기 등에서 신경이 쓰이는 정보 혹은 생각난 것을 메모하는 것은 문제 해결에 꼭 필요합니다.

메모는 카드파와 노트파로 나뉜다

작사가인 아쿠(阿久悠)씨는 카드파(派)로서 평방 6cm의 종이에 TV에서 보고 들은 것 혹은 다른 사람의 이야기 등 모든 것을 메모를 한다고 합니다. 리쿠르트라는 회사에 전무로 있었던 모리무라(森村稔)씨는 천 원짜리 지폐 크기의 카드를 항상 30장 정도 가지고 다닌다고 합니다. 카드의 크기는 B6 크기의 용지에서 서류에 문제점이나 의견 등을 적어 덧붙이는 쪽지인 부전(역주 : 서류에 문제점이나 의견 따위를 적어 덧붙이는 쪽지)까지 다양하므로 자신에게 맞는 것을 찾도록 합시다.

노트파(派)의 예를 들면 비소설 작가인 야나기다(柳田邦男) 씨는 용수철 노트의 오른쪽 부분만을 사용하고 왼쪽은 나중에 추가를 하기 위해서 비워둔다고 합니다. 또 요리 평론가로서 유명한 야마모토(山本益博) 씨는 스무 살 때부터 요리점 이름이 쓰여 있는 영수증을 대학 노트에 붙여서 수집

메모는 카드나 노트로 한다

기록에는 노트식, 기획에는 카드식이 적합하다. 두 가지 방식을 능숙하게 나누어서 사용하자.

정보 메모작성의 방법과 예

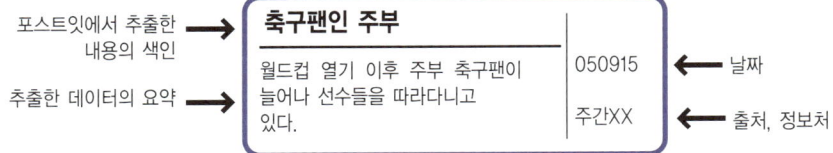

Key Words

아쿠 유우(阿久悠)
작사가이며 작가. 광고회사를 거쳐서 작사가가 되었으며 '북쪽의 집에서'(北の宿から)를 비롯해서 많은 히트곡을 만들어내고 일본 레코드대상, 일본작사대상 등 많은 상을 수상했다. 또한 '세토나이 소년야구단' 등 많은 작품이 있으며 키쿠치칸상(菊池寛賞), 시주포상(紫綬褒賞)을 수상했다.

야나기다 쿠니오(柳田邦男)
NHK의 기자 생활을 거쳐 비소설 작가, 평론가를 하고 있다. '마하의 공포'로 다이타쿠사(大宅社) 논픽션상을, '희생(sacrifice)'으로 키쿠치칸상을 수상했다. 삶과 죽음을 주제로 한 저서를 많이 발표하고 있다.

하고 있었다고 합니다.

정보 메모작성과 정리 요령

① 즉시 메모를 한다

정보정리학을 유행시킨 전 국립민족학 박물관 관장인 우메사오(梅棹忠夫) 씨는 정보나 떠오르는 생각을 바로 메모할 수 있도록 자택의 각 방마다 카드와 볼펜을 두었다고 합니다.

② 한 카드에 한 항목씩 적는다

여러 가지를 같이 적어버리면 나중에 정리가 귀찮아지기 때문에 한 카드에 한 항목씩 적습니다. 내용이 많은 경우에는 상단에 표제를 기입합니다. 그리고 뒤에는 아무것도 쓰지 않는 편이 붙여서 정리를 할 때 편리합니다.

③ 날짜와 정보처를 기입한다

정보 메모에는 반드시 정보처(A씨에게서 등)와 날짜를 쓰도록 합니다.

④ 항상 정리와 분류를 한다

메모는 일 주일 혹은 한 달 등, 기간을 정해서 정리를 합니다. 앞에서 설명한 아쿠 씨는 카드와 메모를 일기에 빨간색과 검정색의 사인펜으로 정리를 한다고 합니다. 검정색으로는 그 날 신경이 쓰였던 것을 그리고 빨간색으로는 힌트나 아이디어를 적는다고 합니다. 다시 말해서 정보는 검정색, 떠오르는 생각은 빨간색으로 나눈다고 합니다.

저는 평방 7.5cm의 포스트잇을 가지고 다니면서 착상이나 상대방과의 이야기 등을 모두 포스트잇에 적습니다. 한 달에 2번 정도 정리를 해서 필요한 것은 A4용지에 붙이고 나머지는 버립니다.

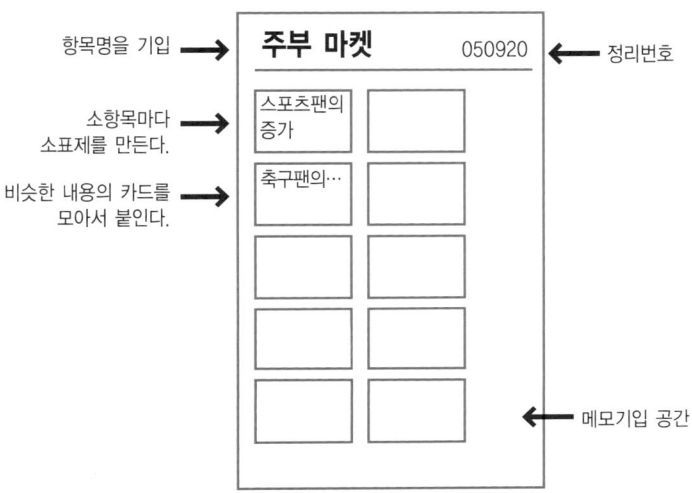

카드를 A4 용지에 정리한다.

> **Hints on Business**

정보 수집물에는 정보처와 날짜를 잊지 않고 기입한다
정보는 언제 어떤 경로로 입수했는지 기입하는 것을 절대 잊어서는 안 됩니다. 예를 들어 신문이나 잡지를 잘라냈을 때도 바로 그 자리에서 기입을 합니다. 닛케이 신문의 2005년 2월 12일의 조간이라면 'Nm050212'로 적습니다. N은 닛케이, m은 조간, 05는 2005년의 의미입니다. 이 신문이 석간이라면 e에, 또 주간지라면 W, 월간지는 M으로 저는 표기를 하고 있습니다. 저는 각 미디어의 이름도 줄여서 표기하고 있습니다.
노트나 메모에도 날짜를 반드시 기입합니다. 그리고 다른 사람의 이야기나 회의의 상황을 기록할 때는 상대의 이름이나 출석자 이름도 반드시 기입합니다.

제8장 발상의 힌트와 팀워크

35

살아있는 정보원인 '인맥'의 효과적인 활용법

분야가 다른 정보원에서 새로운 착상을 얻자

일본처럼 고품질의 정보가 매일 대량으로 흘러 넘치는 나라도 없을 것입니다. 한 일본 잡지의 파리 특집을 읽은 프랑스 친구는 '이렇게 자세한 정보는 프랑스에도 없다'며 몇 권을 사서 프랑스에 보냈습니다.

인간정보망을 넓히자

일본 Digital Equipment가 실시한 조사에서도 '주위에 정보가 너무 많아서 다 이용하지 못하고 있다'는 대답을 한 사람이 약 70%였습니다.

모든 정보는 여러 곳을 거치는 사이에 왜곡되거나 과장되기도 합니다. 정보는 원래의 제1차 정보에서 제2차 정보, 제3차 정보로 발생원에서 멀어질수록 두드러지게 변화합니다. 따라서 될 수 있으면 제1차 정보를 입수하도록 노력해야 합니다.

이를 위해서는 인맥을 만드는 것이 중요합니다. 먼저 직장의 동료나 선배가 있습니다. 그러나 주위에 있는 친구보다는 다른 분야, 다른 연령, 다른 성별의 사람 쪽이 새로운 생각을 하는 데 도움이 됩니다. 신문기자인 친구의 말에 따르면 접수를 담당하는 여직원과 친해지는 것이 그 회사의 가

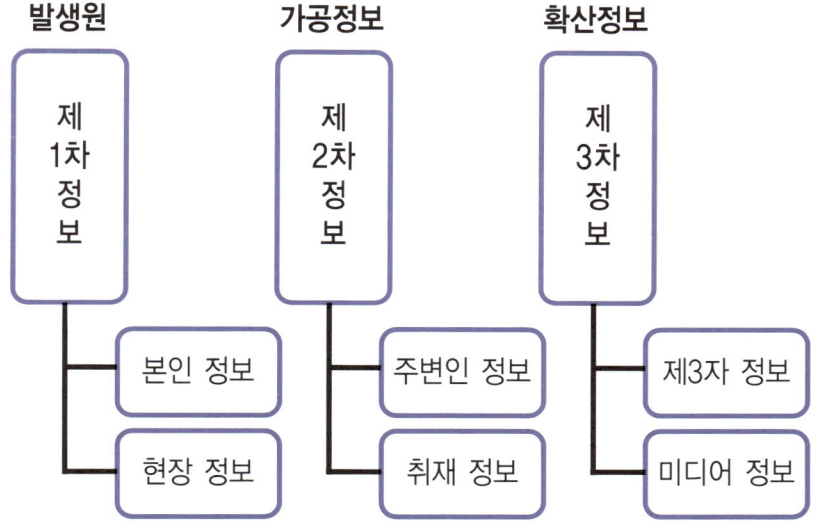

정보, 전달의 이미지

Key Words

제1차 정보
생생한 정보라고도 하며 가장 직접적인 정보를 말한다. 문제해결을 위해서 가장 중요한 정보이고 될 수 있으면 넓고 심도 있게 많은 정보를 수집하는 것이 필요하다.

제2차 정보
직접 입수한 정보가 아니고 다른 사람의 취재 등 간접적으로 얻은 정보를 말한다. TV, 라디오, 신문, 잡지기사 등의 미디어 정보 등이 제2차 정보이다.

제3차 정보
제2차 정보를 기본으로 작성된 정보를 말한다. 이처럼 정보는 정보원에서 멀어질수록 사실과 다르게 왜곡되고 내용이 변경되어 사실성이 없어질 가능성이 높다.

장 큰 정보원이 된다고 합니다.

가정용품 메이커의 개발자인 친구는 오로지 부인들과 아이들이 정보원이라고 합니다. 학생시절의 동급생도 아주 좋은 정보원입니다. 항상 인간 정보망을 새롭게 넓히는 것이 중요합니다.

서로 다른 분야의 친구를 만드는 것이 중요

저희 연구소가 사업 경향을 중심으로 821명의 사람들에게 '현대인의 발상 경향 조사'를 실시했습니다.

'아이디어의 힌트를 찾기 위해 일부러 신경을 써서 대화하는 사람은?'이라는 질문에 대한 대답에서 1위는 '동년배의 지인'이 58%, 2위는 '직장의 동료'가 48%, 3위는 '외부의 전문가'가 43%, 4위는 '연장자'가 28%라는 결과가 나왔습니다.

이 결과에서 아이디어의 힌트를 얻기 위해서는 직장의 동료보다는 외부 사람이 주된 정보원임을 잘 알 수 있습니다.

소설가인 니시무라(西村壽行) 씨는 신주쿠의 직장에서 매일 밤 6시만 되면 편집자, 비서, 친구들 등 5~6명이 모여서 떠들썩하게 술도 마시고 소설이나 파격적인 주제의 이야기를 하곤 합니다. 이것이 니시무라 씨에게는 발상을 하기 위한 시간입니다.

분야가 서로 다른 친구를 만드는 것이야말로 유익한 정보와 새롭고 신선한 생각을 입수하는 핵심입니다.

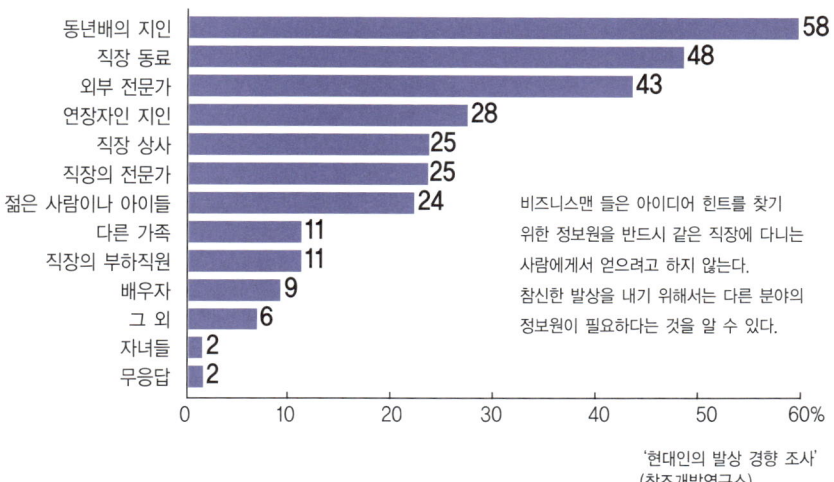

Hints on Business

인간관계를 넓힐 수 있는 인터넷 메일

　폭넓은 인간관계는 대단히 많은 도움이 됩니다. 인간관계는 생활에 기반을 둔 관계와 기반이 되는 생활망과 업무와 관련이 있는 전문관계로 나뉩니다. 생활관계는 가족이나 친구, 이웃 사람들 등의 주변의 인간관계를 가리킵니다. 한편 전문관계는 사내, 회사 주변, 사회의 전문가까지가 포함됩니다.

　폭넓은 인간관계를 형성하기 위해서 잘 모르는 사람도 포함시키기 위한 요령은 먼저 서로를 알 수 있는 기회를 만드는 것입니다. 지금은 메일이라는 편리한 도구가 있기 때문에 무슨 일이 있어도 친해지고 싶은 사람에게 진지하게 접근하면 때로는 답장을 받을 수 있습니다. 단, 상대방이 귀찮아하는 것은 삼가야 합니다.

제8장 발상의 힌트와 팀워크

36 대(大)형 인간과 발상 힌트 찾기
4가지 능력을 익혀서 진정한 문제 해결자가 되자

양주 수입회사가 술집 마담 252명을 조사한 결과에 따르면 '출세하는 사람의 공통점은?' 이란 질문에 1위는 '일 이외에도 또 하나의 세계가 있다'가 108명으로 43%, 2위는 '남을 잘 배려하는 사람'이 90명으로 36%, 3위는 '인정이 있는 사람'과 '지성이 느껴지는 사람'으로 모두 78명의 31%였습니다.

노벨 물리학상을 수상한 에사키(江崎玲於奈)씨는 창조성의 풍부함은 '자기만의 독특한 방식을 추구하는 것'에서 나온다고 합니다. 일에도 생활에도 자신을 소중히 하라는 뜻입니다. 이것은 앞에서 나온 '일 이외에도 또 하나의 세계가 있다'와도 통하는 부분입니다.

대(大)형 인간을 추천

전문 분야를 가지고 거기다 Generalist(역주 : 다방면에 능력과 지식을 가지고 전체적인 입장에서 판단 할 수 있는 사람)이기도 한 'T형 인간'이나 2개의 전문 분야가 있는 '파이(π)형 인간'이 되라고 하는 사람도 있습니다.

저는 '대형 인간' 이야말로 진정한 문제 해결자라고 생각합니다.

T형, 파이(π)형, 대(大)형 인간의 능력

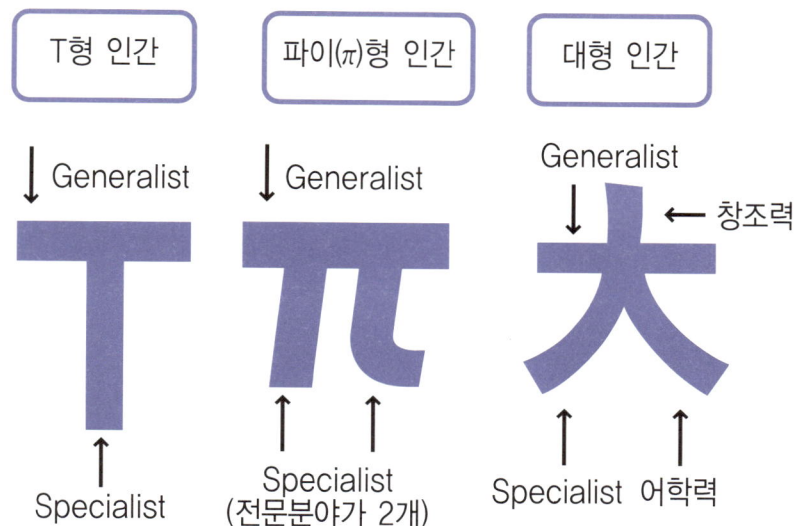

Key Words

에사키 레오나(江崎玲於奈)
IBM와트슨 연구소, 츠쿠바대학 학장을 거쳐 시바우라(芝浦)공업대학 학장을 역임하고 있다. 마이너스 저항 영역을 가지는 특이한 다이오드인 '에사키 다이오드'를 발명하고 양자역학적 터널 효과를 실제로 증명했다. 1973년에는 노벨 물리학상을 그리고 1974년에 문화훈장을 수상했다.

서점
일본인은 아이디어 힌트를 얻는 장소로 1위에 서점을 꼽았다. 유럽이나 미국에서는 일본과 달라서 도서관이 발달해있기 때문에 서점의 비율은 그다지 높지 않다. 단, 이제부터는 인터넷 상의 정보 수집이 급증할 것으로 생각된다.

대(大)자의 밑은 전문 지식과 어학력 위에 나온 'I'는 창조력을 의미합니다. Generalist이면서 Specialist이고 국제적인 면에 창조성까지 있으면 금상첨화입니다. 대형 인간이야말로 세계 여기저기를 돌아다니면서 자기식대로 살아가는 사람이라고 할 수 있습니다.

문제를 해결하는 사람이 발상의 힌트를 얻기 위해서는 폭넓고 심도 있는 사고방식이 필요합니다.

아이디어 힌트는 서점과 자연

'현대인의 발상 경향 조사'에 따르면 아이디어를 찾는 장소는 서점'이 47%로 1위, 다음으로 '자연에서 얻는다'가 45%, '거리나 상점'이 42%의 순서였습니다. 서점이 1위인 것은 인쇄물에서 힌트를 얻는 사람이 많다는 것을 말합니다.

2위인 '자연'에 대해서, 후지쯔의 연구 소장이었던 키타가와(北川敏男)씨는 '아름다운 풍경의 외국이나 호수 근처에서 쉬고 있을 때나 조사 여행을 할 때' 힌트를 잘 얻는다고 합니다.

'거리나 상점'에 관해서는 직종에 따라서 경향이 다릅니다. 광고회사의 중견사원을 대상으로 한 조사에서는 베스트 3이 '서점', '거리나 상점', '백화점, 슈퍼마켓'이었습니다.

한편 전기통신 연구소의 연구원은 '도서관, 자료실', '서점', '실물전시장, 견본시장'에서 주로 힌트를 얻고 '거리나 상점'은 6위였습니다.

작가인 코마츠(小松左京)씨는 철저하게 발품을 팔아서 문헌 리서치와 취재를 하는데 현지에서 매일 10km는 거뜬히 걷는다고 합니다. 저도 문제

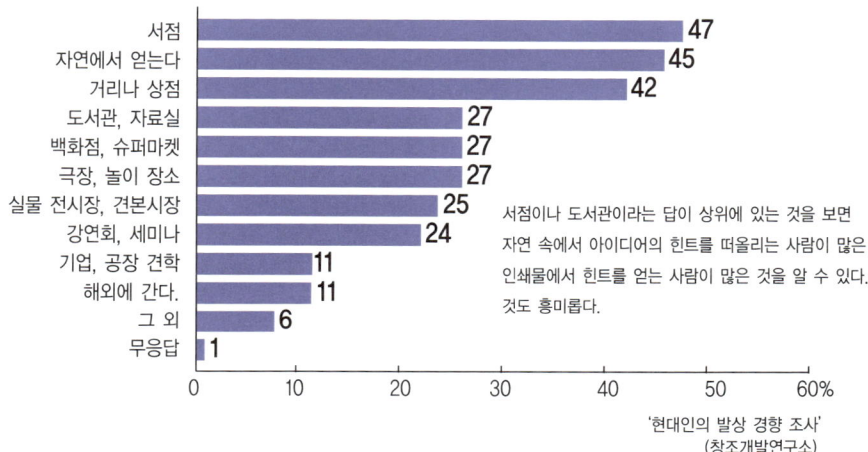

해결에는 현장을 철저하게 걷는 것이 중요하다고 생각합니다. 대형 인간에게는 이런 행동력도 빼놓을 수 없습니다.

> **Hints on Business**
>
> **진정한 대형 인간이 되기 위해서는**
>
> 대형 인간은 전문, 교육, 어학, 창조의 4가지 능력을 갖춘 사람이라고 했습니다. 그러나 각각의 요소 모두를 만족하고 있더라도 중요한 것은 각각이 통합되어야 한다는 것입니다. 어학이 아무리 뛰어나다고 해도 상대방과 의사소통을 할 수 없으면 대형 인간이라고 할 수 없습니다. 예를 들어 외국인과 이야기를 하면서 일본을 소개할 때는 일본에 대한 지식이 있어야 합니다. 아무리 전문지식이 뛰어나도 창조성이 없으면 자신만의 독자적인 생각을 가질 수 없습니다. 이처럼 진정한 대형 인간이라고 하는 것은 이 4개의 요소를 가지고 자신의 철학을 기본으로 하여 각각의 힘을 통합적으로 활용해서 현실에 대응할 수 있는 사람이라고 할 수 있습니다.

제8장 발상의 힌트와 팀워크

37 위대한 발상을 탄생시킨 '침보차(寢步車)'
사고(思考)할 수 있는 나만의 장소를 찾자

중국 북송의 유학자인 구양수(歐陽脩)는 『귀전록(歸田錄)』에서 문장을 생각하는 좋은 장소로서 '마상(馬上), 침상(枕上), 측상(厠上)'의 3상(上)을 들고 있습니다.

지금은 침상, 산책, 탈것이 발상장소

그럼 현대인이 발상을 하는 장소는 어떤 곳일까요? '현대인의 발상경향 조사'에서 '아이디어를 생각하기에 적합한 장소는?'이라는 물음에서 침상(寢床)이 52%, 걸으면서가 46%, 탈 것 안에서가 45%로 각각 1, 2, 3위를 차지했고 2명 중에 한 사람은 앞의 3가지를 대답했습니다.

구양수의 학설을 흉내 내어 3상을 3중으로 바꾸어보면 '현대인의 발상의 3중(中)은 침중(寢中), 보중(步中), 차중(車中)'이 됩니다. 그래서 저는 '현대인 중에서 진보한 사람은 침보차(寢步車)에서 생각한다'고 정리를 했습니다. 900년 전과 비교해보면 마상(馬上)이 차중(車中)으로 바뀌고 측상(厠上)이 보중(步中)으로 바뀐 결과가 되었습니다.

침중(寢中), 다시 말해서 침상에서 아이디어가 떠오르는 사람은 많이 있

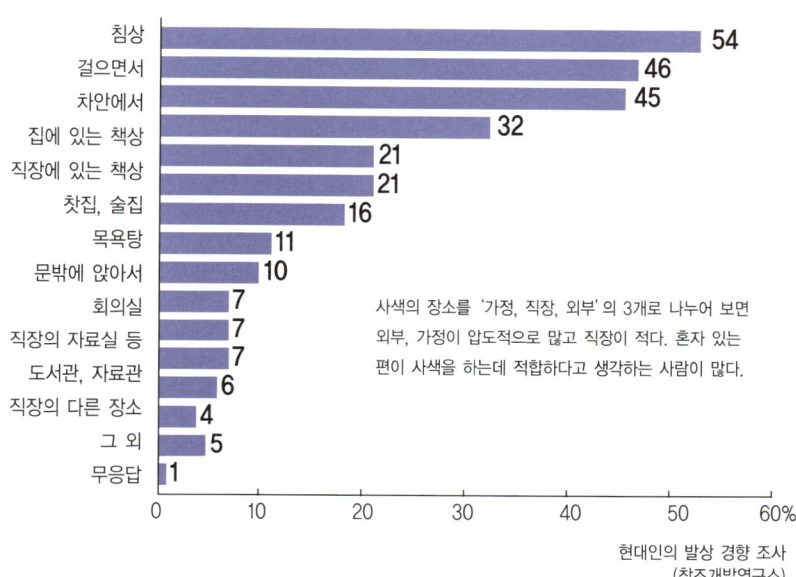

Key Words

구양수(歐陽脩)
중국, 북송의 유학자, 문필가, 정치가. 문장가로서는 고문을 부흥시키고, 『춘추(春秋)』를 견본으로 해서 『신오대사(新五代史)』, 『신당서(新唐書)』를 집필하는 등 당송 8대가의 한사람으로 꼽혔다. 정치가로서는 북송의 재상을 지냈다.

루소(Jean. Jacques Rousseau)
프랑스의 철학자, 작가, 교육사상가. 국제사회계약설이나 교육은 자연으로 돌아가야 한다는 등의 주장을 폈으며 작곡 등에도 손을 댔다. 저서에는 『민약론』, 『예술 및 학문에 대해서』, 『Emile』, 『고백』, 『신에로이즈』 등이 있다.

습니다. 건축가인 키쿠타케(菊竹淸訓) 씨는 이 조사에서 '발상 전에 문제를 잘 생각하고 잠을 잔다. 다음날 아침잠에서 깬 순간에 발상을 한다. 그래서 침대 옆에 스케치북을 두고 잊지 않도록 적어둔다'고 합니다.

작가 중에는 차안에서 아이디어를 떠올리는 사람이 많습니다. 작가인 마츠모토(松本淸張) 씨는 추리소설의 구상을 만원전차 안에서 역시 작가인 엔도우(遠藤周作) 씨는 차안에서 물끄러미 밖을 내다보며 소설의 이미지를 떠올렸다고 합니다.

서양에서도 루소가 '걷지 않으면 사색을 할 수 없다. 멈추면 사색도 멈춘다'는 말을 했습니다. 산책(步中)은 동서고금을 막론하고 사색에 제일 적합한 장소라고 할 수 있습니다.

일본인의 발상은 야행성이 많다

'아이디어가 떠오를 때'는 '저녁부터 밤'이 46%, '심야'가 44%, '잠이 막 들었을 무렵'이 34%의 순으로 발상의 순간은 압도적으로 밤이 많았습니다. 유가와(湯川秀樹)박사가 '중간자론'을, 후쿠이(福井謙一) 박사가 '프론티어 이론'을 생각한 것도 생각에 지쳐 잠시 졸았을 때라고 합니다.

또 제국 호텔의 총 주방장이었던 무라카미(村上信夫) 씨는 꿈속에서 자주 새로운 요리에 대한 아이디어가 떠올라서 침상 옆에 항상 테이프 레코더를 두었다고 합니다.

다음으로 사색의 장소를 '가정', '직장', '외부'의 3개로 나누어서 합산을 해보니 '외부'는 128%, '가정'은 120%, '직장'은 겨우 39%였습니다. 외부나 집은 혼자서 천천히 생각을 할 수 있기 때문일 것입니다.

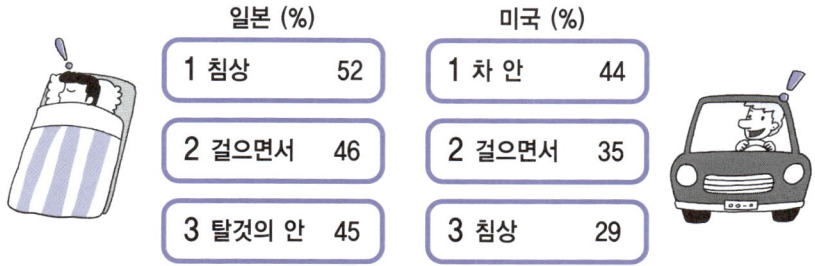

일본인은 '침상', 미국인은 '차 안' (복수응답)

일본 (%)		미국 (%)	
1 침상	52	1 차 안	44
2 걸으면서	46	2 걸으면서	35
3 탈것의 안	45	3 침상	29

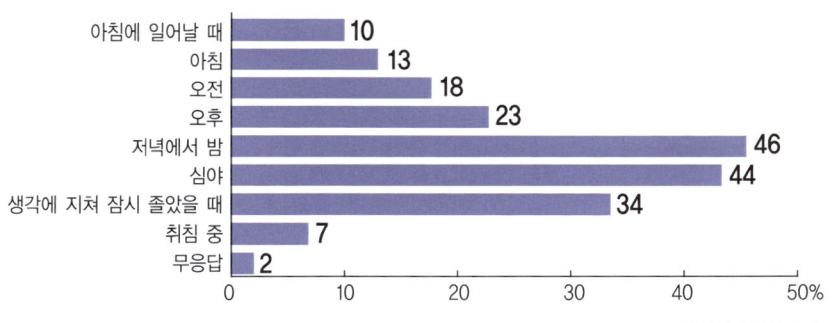

아이디어가 떠오를 때 (일본) (복수응답)

- 아침에 일어날 때: 10
- 아침: 13
- 오전: 18
- 오후: 23
- 저녁에서 밤: 46
- 심야: 44
- 생각에 지쳐 잠시 졸았을 때: 34
- 취침 중: 7
- 무응답: 2

'현대인의 발상 경향 조사'

Hints on Business

각자가 사고하는 버릇을 조사해보자

일본인이 사고를 하는 장소는 침상이고 아이디어가 떠오르는 시간은 밤이라는 결과가 나왔습니다. 위의 그림에서 일본과 미국의 사고 장소의 비교에서도 일본인의 1위는 침상이고 3위는 차 안인 것에 비해 미국인은 1위가 차 안이고 침상은 3위였습니다. 그러나 이것은 평균적인 이야기이고 사고의 장소가 '직장의 책상'인 사람이 있는가하면 '화장실'인 사람도 있습니다. 다시 말해서 사람마다 제각기 다르다는 것을 알 수 있습니다. 나에게 중요한 것은 어떤 장소, 어떤 시간이 아이디어 사고에 적합한지를 아는 것입니다. 여러분도 사고할 수 있는 자신만의 장소가 어딘지 아이디어가 떠오르는 시간이 언제인지를 천천히 생각해보면 어떨까요?

제8장 발상의 힌트와 팀워크

38 기업 내의 전략적인 창조성 개발 제도
팀의 문제 해결 능력을 최대한 살려라

유명한 호손 공장의 실험은 노동 환경과 작업 효율의 관계가 주제였습니다. 작업 장소의 조명을 점차 흐리게 했더니 예측과 반대로 작업 효율은 저하되지 않고 오히려 향상되었습니다. 그 이유는 작업자들이 '우리는 선택됐다. 그래서 더 열심히 하지 않으면 안 된다'는 생각으로 실험에 임했기 때문이라고 합니다. 이것이 '사람은 본래 의욕적이고 창조적인 존재다'라는 인간적 측면의 중요성에 주목하는 계기가 되었습니다.

이 Meyer의 실험 이후, 기업의 인간적 측면의 연구가 계속해서 생겨나 인간의 창조성이 중시되었습니다.

팀의 창조성 향상은 개인의 개발부터

포레트는 '개인과 조직 목표의 통합이 중요'라는 목표관리 사고의 기초를 만들고 경영이론에 큰 영향을 미쳤습니다. 창조성 개발에 이 사고방식을 적용하면 '기업은 개인의 창조성을 키워서 기업 전체의 창조 능력을 확대한다'고 할 수 있습니다.

일본 기업에서는 엘리트 교육은 그다지 실시하지 않고 창조성 개발은 개

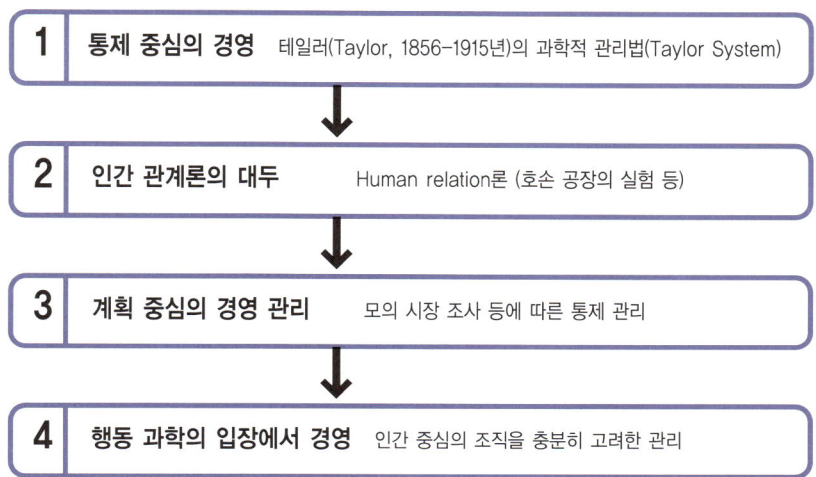

Key Words

호손 공장의 실험
1924년~1932년 동안 미국의 통신기 메이커인 웨스턴 일렉트로닉 사의 시카고 교외의 호손 공장에서 메이어 등이 생산성 향상의 요인을 발견하기 위해서 실시한 실험이다. 4개의 실험에서 생산성을 향상시키는 주원인은 모럴(Morale, 사기)이라는 결론을 냈다.

메이어(Meyer, H.H.)
오스트레일리아 태생으로 심리학을 전공했다. 42세에 미국으로 이주를 해서 1926년에 하버드대학 경영대학원의 산업 연구 담당의 교수가 되었고 호손 공장의 제2의 실험(전기 조립 실험)부터 참가를 했다. 기업의 인간적 측면에 초점을 맞춘 실험으로 기업의 생산성 향상에 공헌을 했다.

인 혹은 소집단을 대상으로 하더라도 대부분은 전 사원의 창조성을 전반적으로 키우는 자기실현형이었습니다.

그러나 세계적인 독창성을 키우기 위해서는 특별한 재능을 가진 사람들이 활발하게 연구를 할 수 있는 지원과 또한 그 육성이 일본기업에서는 좀 더 활성화되어야 합니다. 특별한 재능을 가진 사람이나 독창적인 연구자를 육성하는 전문적인 창조성 개발의 시책이 강하게 요구되고 있습니다. 지금이야말로 기업 전체로 전략적인 창조성 개발을 생각할 시기라고 할 수 있습니다.

창조성 개발을 위한 조직의 각 대책

대표적인 시책을 옆의 그림에 나타냈습니다. 현재 가장 주목받고 있는 것은 특별보장제도 입니다. 특허취득 기술자에 대해 무제한 인센티브제를 도입하는 회사도 등장했습니다. 사내의 트레이드 제도는 외부의 인재를 직속 상사의 허가 없이 선발하는 것입니다. 소니가 창시해서 지금은 많은 기업이 채용하고 있습니다.

사내 경합 팀 제도는 인텔이 몇 년 후의 상품 개발을 사내의 3개 팀의 경합으로 실시하고 있습니다.

긴급 프로젝트 제도를 실시하는 샤프는 회사에서 인재를 모으고 그 인재들은 임원과 같은 자격으로 일을 합니다. 미스미는 프로젝트 리더를 외부에서도 모집을 하고 모든 일을 프로젝트로 실시하고 있습니다.

창조적인 아웃소싱을 실시하는 키엔스는 자사의 공장 없이 기획 개발만을 실시하고 제조는 외부 발주의 무설비 경영입니다.

기업의 창조성 관련의 시책

1 주로 개인 대상	창조성 교육 / 선발 육성 교육 제안 제도 CDP(커리어 개발 프로그램) 자기 신고 제도 특별 인센티브제도(특허 취득자)
2 주로 소집단 대상	소그룹별 관리제도 프로젝트 팀 제도 QC운동 팀 별 목표 관리 제도
3 기업 전체	사시, 사훈에 '창조' 와 '독창' 성과형 인사제도(연봉제, 성과형 임금 등) 분사화, 독립사업부제도 사내 트레이드 제도(FA 제도) 사내 경합 팀 제도 긴급 프로젝트 제도

또한 연봉제는 업적을 중심으로 평가하는 방식으로 현재 폭넓게 채택하고 있습니다.

Hints on Business

일본기업은 제2의 다나카 씨 찾기에 열심

지금 일본 기업은 노벨상을 수상한 다나카씨를 자기 회사에서도 만들어내려고 열심입니다. 그래서 오무론, 도시바, 미쯔비시 화학 등 많은 회사가 우수한 특허에는 1억 엔 이상을 내겠다고 하고 있습니다. 예전에는 많아야 100만 엔 정도밖에 지불하지 않았던 것을 생각하면 격세지감을 느낍니다. 이것은 일본의 독자적인 집단주의에서 개인주의에의 변환일지도 모릅니다. 그러나 지금 기업이 생각해야 할 것은 집단주의와 개인주의의 적절한 균형입니다. 개인에게 맡기는 것은 일본 기업으로서는 익숙하지 않습니다. 게다가 극단적인 성과주의는 계속해서 실패를 거듭하고 있습니다. 독자적인 일본의 창조 표창 제도를 생각해야 합니다.

제8장 발상의 힌트와 팀워크

39 팀의 집단 창조 능력을 발휘시키자
창조적인 리더와 구성원이 새로운 발상을 탄생시킨다

    기업은 집단 활동으로 여러 가지 문제를 해결하고 있습니다. 집단 창조를 위해서는 적어도 다음의 5가지 조건을 만족시키는 것이 중요합니다.

집단 창조의 5가지 조건

① 목적이 명확하고 절실한 주제
    주제가 확실하고 모두가 '목적을 명확' 하게 이해하는 것이 중요합니다. 목표는 실력보다도 너무 높지도 너무 낮지도 않은 120% 정도로 설정하는 것이 좋습니다.

② 창조적인 리더의 존재
    팀의 성공과 실패는 리더가 쥐고 있습니다. 능숙하게 팀을 리드하는 것은 물론이며 구성원이 때에 따라서는 각각 리더십을 발휘할 수 있도록 해주는 창조적인 리더야말로 최고라고 할 수 있습니다.

③ 팀 운영법의 확립
    팀 운영에서는 구성원이 공유할 수 있는 파일을 만들어 모두가 언제든지 컴퓨터로 접속할 수 있도록 합니다.

프로젝트 리더의 7가지 조건

1. 다양한 경험이 있다
2. 예측 능력이 뛰어나다
3. 구성원의 학력이나 경험에 연연하지 않는다
4. 정확하고 신속한 판단력이 있다
5. 풍부하고 날카로운 상상력이 있다
6. 인간관계에서 중립적인 입장을 지킨다
7. 표현력이 뛰어나다

(전 조직공학 연구소 소장 이토가와)

Key Words

창조적인 리더
구성원 각자가 창조적인 사고를 할 수 있도록 자유롭고 활기찬 분위기를 만들거나 건설적인 비판 혹은 정보를 주고 문제를 파악하기 위한 기법이나 아이디어를 조직적으로 검토하는 방법을 가르쳐서 팀의 창조적 활동을 리드할 수 있는 사람.

D.펠즈와 F.앤드류(D.C.Pelz & F.M. Andrews)
D.펠즈와 F.앤드류는 미시간 대학에서 박사학위를 받고 조직 심리학자로서 저명한 리카드 교수가 소장으로 있는 대학 부속의 사회행동연구소의 연구원으로 활약했다. 연구자의 업적과 조직에 대한 연구서 '창조의 행동과학'을 공동으로 간행했다.

또 문제해결의 회의는 문제해결의 단계에 따라서 발산회의와 압축회의를 엄밀하게 구별해서 진행하는 것이 중요합니다.

'오바Q'나 '도라에몽'을 그린 '후지코 후지오(藤子不二雄)' 씨는 후지모토 히로시(藤本弘) 씨와 아비코 모토(安孫子素雄) 씨 두 사람의 공통 이름입니다. 이 두 사람은 만화계에서 30년 이상 단짝으로 아이디어를 서로 내고 정리를 할 때는 서로 납득을 할 때까지 철저하게 이야기를 했다고 합니다.

④ **패기와 능력이 있는 작은 인원수의 구성원**

오사카대학 교수였던 미스미 쥬우지(三隅二不二) 씨의 그룹 다이내믹스의 연구 결과에서는 소집단의 이상적인 인원수는 7명, 적정 인원은 5~9명입니다.

⑤ **일을 중심으로 한 팀워크**

미국의 저명한 사회심리학자인 D.펠즈와 F.앤드류가 연구한 과학기술자의 조직 만들기에서는 '흥미나 동기 부여는 같으나 발상의 방법이나 일하는 방법이 다른 동료와 함께 일을 하는 편이 좋은 업적을 남긴다'는 결론을 도출하고 있습니다.

앞에서 설명한 후지코 씨와 후지모토 씨는 서로 영화광이라는 공통점이 있어서 괴담이나 유령 영화에서 '오바Q'의 아이디어를 얻었다고 합니다. 또 서로 초등학교 동급생이고 만화가를 꿈꿨던 공통점도 있습니다. 한편 성격은 정반대로 아비코 씨는 행동파이고 후지모토 씨는 정숙한 편이었다고 합니다. 이 두 사람은 흥미는 같고 일하는 방법이 다른 전형적인 예라고 할 수 있습니다.

팀 구성원의 4가지 조건

1	공통의 목적의식을 가지고 있을 것
2	서로 분야가 다른 구성원의 조합일 것
3	구성원들 사이에서 지배관계가 없을 것
4	서로 존중할 수 있는 구성원일 것

Hints on Business

집단 활동을 성공시키는 리더와 구성원

위의 이토가와 씨의 리더의 조건은 상당히 시사적입니다. 특히 6의 '인간관계에서 중립적인 입장을 지킨다'는 중요한 조건입니다. 구성원은 다양한 분야의 전문가로 구성됩니다. 그리고 리더는 미지의 목표를 향해서 전력을 다해 결론을 이끌어내야 하는 역할을 수행하고 있으므로 각 구성원의 힘을 최대한 발휘시키도록 노력해야 합니다.

구성원끼리도 직위가 다르더라도 '지배관계가 없을 것'이 중요합니다. 모두가 평등하기 때문에 각자의 정보가 살아있는 것입니다. 거기에 계산이나 어떤 개인적인 의도가 개입되면 프로젝트는 실패할 수밖에 없습니다. 리더의 인간성이 프로젝트 추진에 대단히 중요하다고 할 수 있습니다.

제8장 발상의 힌트와 팀워크

40 문제해결의 마지막은 프리젠테이션으로 정한다
상대의 공감을 얻어서 해결책을 설득하라

문제해결의 마지막은 해결책을 상대방에게 제시하고 설득을 하는 프리젠테이션입니다.

설득되는 4가지 상황

사이토우(齋藤美津子) 씨는 『음성언어의 과학』(사이마르 출판회)에서 '이야기를 듣는 사람이 설득되는 경우'로서 다음의 4가지 상황을 예로 들고 있습니다.

① 듣는 사람의 관심을 모으고 주의를 환기할 수 있는 화제일 때
② 이야기를 듣는 사람이 이야기하는 사람의 인품과 능력을 인정하고 신뢰와 존경이 있을 때
③ 듣는 사람의 욕구불만을 논리적으로 설명했을 때
④ 듣는 사람이 어떻게 받아들이는지에 따라 이야기가 진행되어 자연스러운 인상을 주었을 때

논리만이 아니고 마음으로 상대를 설득하기 위해서는 상대방의 입장에 서서 관심을 이해하고 상대방의 기분에 따라서 주장하는 것이 중요합니다.

프리젠테이션의 확인 사항

준비단계
1. □ 설득할 상대를 확정하고 잘 조사했는가?
2. □ 프리젠테이션의 목적과 내용의 범위를 좁혔는가?
3. □ 프리젠테이션 소재의 내용과 부수는 확인했는가?
4. □ 발표회장, 기자재, 소재, 시간을 확인했는가?
5. □ 역할을 정하고 연습단계에서 문제점을 확인했는가?
6. □ 사전 교섭은 충분히 했는가?

본론
1. □ 전체→부분→전체의 순서로 발표를 했는가?
2. □ 이야기하는 방법, 자세, 전개에 주의를 했는가?
3. □ 사전에 준비한 정석대로가 아니라 적절히 순발력을 살려 발표했는가?
4. □ 발표소재와 배포물을 잘 활용했는가?
5. □ 시간과 공간을 효과적으로 활용했는가?

마무리
1. □ 프리젠테이션에 대한 상대방의 반응을 확인했는가?
2. □ 프리젠테이션 후 상대에게 충분히 설명을 더하였는가?
3. □ 프리젠테이션에 대해서 반성을 하고 다시 검토해보았는가?
4. □ 실행 계획의 내용을 재확인했는가?
5. □ 실행 계획을 위한 자원, 인재 등을 준비했는가?

Key Words

프리젠테이션
듣는 사람에게 자신의 기획안을 설명하고 수락을 얻을 수 있도록 동기를 부여하는 기회. 근래에는 회사내외를 막론하고 많이 실시된다.

설득
상대를 자기주장에 맞게 납득시키는 것. 의견을 반대하는 사람, 찬성하는 사람, 중간인 사람이 있으면 중간인 사람을 우리편으로 만드는 것이 설득의 열쇠가 된다.

기자재
프리젠테이션의 기자재는 여러 가지가 있다. 판넬, 비디오, OHP, 실물 모형 등 여러 가지가 있지만 지금은 컴퓨터를 중심으로 한 프레젠테이션이 일반적이다.

프리젠테이션의 장면 별 주의점

프리젠테이션의 주의점을 설명하겠습니다.

'준비' 한 TV연출가는 회의를 하기 전에 꼭 필요한 한 사람을 정해서 그 사람만을 보고 이야기를 하도록 한다고 합니다.

설득하는 목적은 무엇인지 상대방이 무엇을 원하는지 사전에 정리해둡시다.

발표회장과 기자재를 확인하고 충분히 연습을 합니다. 발표 구성원(발표자, 자료 배포자, 기자재 담당자, 시간을 기록하는 사람 등)의 역할 분담도 합니다.

'본론' 발표는 자기소개, 전체설명, 부분 해설, 마지막으로 다시 한 번 전체 확인의 순서입니다. 이야기를 할 때는 상대의 반응을 보면서 명확한 어휘를 사용해 큰 소리로 말하도록 합니다. 자세는 반드시 앞을 향하고 시선을 골고루 주며 몸짓도 섞어가면서 전체적으로 활기차게 진행을 합니다.

배포용 자료는 발표 후에 나누어줍니다. 사전에 나누어주면 모두 나누어준 자료를 읽는데 신경을 써서 발표자를 잘 보지 않습니다.

'마무리' 프리젠테이션 회의장에서 상대방이 바로 제안을 수락하는 경우는 없습니다. 제안을 상대방이 어떻게 생각하고 있는지 살피는 것이 뒤에 할 일입니다.

수정이나 추가할 사항은 신속하게 해결하여 제안이 채용되도록 적극적으로 노력합시다. 이를 위해서는 프리젠테이션 직후에 제안 내용이나 발표를 한번 검토하고 언제든지 바로 대응할 수 있도록 준비해두는 것이 중요합니다.

Hints on Business

프리젠테이션은 해결책을 상대에게 설득하는 수단
프리젠테이션이라고 하면 거래처나 중역 회의 등에서 많은 사람에게 제시하는 것으로 생각하기 쉽습니다. 그러나 상사 한사람에게 자신의 제안을 설득하는 것도 프레젠테이션입니다. 프리젠테이션이라고 하는 것은 상대의 인원수와는 관계없고 해결책을 설득하는 장소라고 할 수 있습니다. 이때 설득이란 무엇일까요? 심리학에서는 설득에 '전문성' 과 '신뢰성' 의 두 가지를 빼놓고는 생각할 수 없다고 합니다. 해결책이 전문적으로 검토가 되었는지가 전문성, 그리고 설명하는 사람이 자신감 있게 납득시킬 수 있는 신뢰감을 가지고 있는지가 신뢰성입니다. 어떤 프리젠테이션을 하더라도 이 전문성과 신뢰성이 프리젠테이션에 충분히 포함되어 있는지 확실하게 검토를 해야 합니다. 문제해결 단계에서 좋은 제안이 나오더라도 프리젠테이션이 좋지 않으면 소용이 없습니다.

참고문헌

제1장
「관리자의 판단력」(케프너 & 트리거Kepner, C and Tregoe, B. 저, 우에노 이치로上野一郞번역, 산노우대학 출판부山能大學出版部)
「창조성」(미셀=루이, 르켓 저, 타키사와瀧澤, 다카하시高橋誠 공동번역 하쿠스이샤白水社)
「창조의 심리」(아키야마 타카노리 저, 세이신서방誠信書房)
「기술 예측」(마빈, J, 세트론 저, 테라사키寺崎, 아즈마東 번역, 산노우대학 출판부山能大學出版部)
「창조의 이론과 방법」(일본 창조학회 편, 쿄우리츠 출판공立出版)
「창조적 인간」(A.H.매슬로 A.H.Maslow 저, 사부로佐藤三郞, 사토우佐藤全弘 번역, 세이신서점誠信書房)

제2장
「창조력 사전」(다카하시 마코토高橋誠 편저, 니카기렌 출판부日科技連出版部)
「재능, 창조, 환경」(D.울플 편, 하시즈메橋爪, 타카키高木 공동번역, 레이메이서점黎明書房)
「문제해결 수법의 지식」(다카하시 마코토高橋誠 저, 니혼케이자이 신문사 日本濟新聞社)
「회의진행법」(다카하시 마코토高橋誠 저, 니혼케이자이 신문사 日本濟新聞社)

제3장
「창조력을 키워라」(A.오즈번 저, 우에노 이치로우上野一郞 번역, 다이아몬드사)
「창조개발기법 핸드북」(다카하시 마코토高橋誠 저, 일본비즈니스 리포트)
「쉬운 기획서 쓰는 방법」(다카하시 마코토高橋誠 저, 추우케이출판中經出判)

제4장
「독창성의 개발과 그 기법」(우에노 요우이치上野陽一 저, 기호당기보堂)
「기획능력을 키운다」(다카하시 마코토高橋誠 저, 니혼케이자이 신문사 日本濟新聞社)
「신제품 개발 프로페셔널」(호시노 코우星野匡 저, 일본 능률협회日本能率協會)

제5장
「파스의 기호학」(요네모리 유우지米盛裕二, 케이쇼서점勁草書房)
「Synectics」(W.J.J.고든Gordon, W. J. J 저, 오오시카大鹿, 킨노金野 번역, 라티스)
「발상의 순간」(다카하시 마코토高橋誠 저, PHP연구소)
「경영의 지혜」(우에노 이치로上野一郞 저, 로코출판 六興出版)
「NM법의 모든 것」(나카야마 마사카즈中山正和 저, 산노우대학 출판부山能大學出版部)

제6장
「KJ법–불분명하게 이야기한다」(混沌を して 語らしめる)(카와키타 지로우川喜田二郞 저, 추우오코린신샤中央公論新社)
「속. 발상법」(카와키타 지로우川喜田二郞 저, 추우오코린신샤中央公論新社)
「두뇌개발」(칼, E, 그레고리, Carl Gregory 저, 마츠히라 마코토松平誠 저, 산노우대학 출판부山能大學出版部)
「QC실무」(츠치야 토시아키土屋敏明 저, 추우오 케이자이샤中央經濟社)
「현장의 QC텍스트」[수법편](이시하라 카츠요시原勝吉 저, 니카기렌 출판부日科技連出版部)
「PERT의 지식」(카토우 아키요시加藤昭吉 저, 니혼케이자이 신문사日本濟新聞社)

제7장
「이상적인 시스템의 설계」(G.내들러 Nadler, Gerald 저, 요시타니 류우이치吉谷龍一 번역, 토우요케이자이 신문사)
「시스템 설계」(요시타니 류우이치吉谷龍一 저, 니혼케이자이 신문사 日本濟新聞社)
「Bridge법」(하세가와 히로시 長谷川洋저, [추진자] 1976년 10월호)

제8장
「창조력을 키우는 방법, 단련하는 방법」(에사키 레오나江崎玲於奈 저, 코우단샤講談社)
「창조의 제형제형」(일본창조학회日本創造學會 편, 쿄우리츠 출판공立出版)
「Management사고의 발전 계보」(우에노 이치로 上野一郞 저, 일본능률협회 日本能率協會)
「미래를 여는 착상」(이토카와 히데오 저, 지츠교노니혼샤實業之日本社)
「창조의 행동과학」(D.C.펠즈 & F.M.앤드류D.C.Pelz & F.M.Andrews 저, 카네코 히로시兼子宙 감수 번역, 다이아몬드사)
「파티학」(카와키타 지로우川喜田二郞 저, 샤카이시소우샤 社會思想社)
「음성언어의 과학」(사이토 미치코齋藤美津子 저, 사이멀 출판회)